Mengendalikan Pelanggan Hardcore

atau Pesakit, Peminjam, Klien, Tetamu, Penumpang, Subcriber dan sesiapa sahaja!

Steven F. Coyle

Edisi Pertama
Cetakan Pertama 2024
© **Steven F. Coyle, 2024**

Coyle, Steven F.,
    Mengendalikan pelanggan *hardcore*: atau pesakit,
    peminjam, klien, tetamu, penumpang, subscriber dan
    sesiapa sahaja! /
    Steven F. Coyle.

- Perkhidmatan Pelanggan – Pengurusan Perkhidmatan
Pelanggan – Resolusi Pertikaian

Editor: Augustine Chay
Diterjemah oleh: Siti Razali (fathirazali@gmail.com)

Diterbitkan oleh:
ServiceWinners International Sdn. Bhd.
No. 3-33, Jalan Puteri 4/8
Bandar Puteri
47100 Puchong
Selangor DE, Malaysia
Laman web: http://www.servicewinners.com

Data Pengkatalogan-dalam-Penerbitan

Perpustakaan Negara Malaysia

Rekod katalog untuk buku ini boleh didapati
dari Perpustakaan Negara Malaysia

ISBN 978-967-19831-6-4

Seminar yang kami tawarkan:

• Handling Hardcore Customers	• Winning Debt Collection Skills
• Good Boss, Better Boss	• Coaching & Calibration Skills
• First Steps in Management	• Influencing & Negotiation Skills
• Winning Service Skills	• Handling Hardcore Debtors
• Train-the-Trainer (TTT) Skills	• Success Begins with Me!
• Retail Selling Skills	• Business Writing Skills
• Winning Telesales Skills	• Ethics @ Work

ServiceWinners International Sdn. Bhd.
Improving the world through better service.

Steven Coyle

Tel: +60 12-2000-998
E-mel: steve@servicewinners.com
Laman web: www.servicewinners.com

ISI KANDUNGAN

– Bahagian 1: Mentaliti Hardcore –

Adakah Anda Hardcore?

Sikap Adalah Kunci, 5 Cara Untuk Lebih Berhubung Dengan Orang Lain, Ringkasan Bab.

Adakah Organisasi Anda Hardcore?

6 Proses Untuk Memastikan Organisasi Anda Tidak Menghasilkan Pelanggan Hardcore, Ringkasan Bab.

Kenapa Sesetengah Pelanggan Menjadi Hardcore?

1. Masalah Peribadi, 2. Tak Pernah Puas Hati, 3. Sudah Tak Peduli, Ringkasan Bab.

– Bahagian II: Model Utama Pemulihan Perkhidmatan –

Model Utama Pemulihan Perkhidmatan

Marah dan Otak, Konflick Nyata vs. Tersembunyi (Overt vs. Covert), Kenal pasti perasaan (pengesahan), Model Utama Permulihan Perkhidmatan.

Prakata

Berurusan dengan individu yang cerewet dalam situasi konflik yang memuncak bukanlah sesuatu yang mudah tidak kira di mana-mana sahaja anda berada. Akan tetapi, buku ini akan menjadikannya mudah. Ia lengkap dengan pelbagai idea dan model penting yang mudah digunakan pada pelanggan, klien, pesakit, penumpang, rakyat, rakan sekerja atau sesiapa sahaja yang cerewet. Model, strategi dan contoh praktikal di dalam buku ini akan membantu mengurangkan tekanan anda dan mendorang anda bekerja dengan lebih baik.

Saya mendapati banyak buku-buku berkaitan dengan perkhidmatan pelanggan menggunakan perkataan 'menguruskan' apabila membincangkan tentang pelanggan yang mencabar. Akan tetapi, adakah anda rasa kita mampu 'menguruskan' pelanggan *hardcore* sedangkan diri kita sendiri hampir tidak terurus? Ia seumpama memberitahu "Tolong bertenang!" kepada pelanggan yang sedang marah. Adakah ia berkesan? Selalunya pelanggan saya akan melenting apabila mendengar ayat tersebut.

Saya berpengalaman berurusan dengan ramai pelanggan yang mencabar dari serata dunia dan saya akan berkongsi teknik-teknik yang saya gunakan untuk mengendalikan mereka. Semasa bekerja sebagai seorang jurubank di Alaska, tugas saya adalah untuk menemuduga pemilik perniagaan yang memerlukan pinjaman untuk membeli peralatan pembinaan. Kebanyakannya terpaksa saya tolak. Saya juga perlu bertemu pelanggan untuk mengutip bayaran tertunggak dan ada kalanya untuk mengambil semula peralatan mereka. Seperti berjalan di kawasan yang dipenuhi periuk api, lama-kelamaan saya menyedari bahawa penggunakan perkataan, nada dan bahasa badan yang salah boleh membuatkan orang melenting dan menjadi lebih sukar untuk dikendalikan.

Tema utama buku ini ialah:

> *Perkataan yang anda gunakan serta cara anda menggunakannya (nada dan bahasa badan) menentukan kejayaan anda dengan pelanggan.*

Kemudian, saya berpindah ke Seattle dan bekerja sebagai pengutip hutang di sebuah syarikat telekomunikasi. Sepanjang bekerja di sana, saya telah mengendalikan kira-kira 92,400 panggilan (inbound/outbound)—semuanya melibatkan pelanggan yang perlu membayar bil tertunggak. Tugas saya adalah untuk mengendalikan talian yang disekat dan menyampaikan berita buruk kepada pelanggan bahawa talian mereka disekat kerana bil yang tidak dibayar. Saya mengasah kemahiran dengan menenangkan ribuan pelanggan yang sedang marah.

Pernahkah anda dengar tentang peraturan 10,000 jam?

Ia bermaksud kita perlu melakukan sesuatu tugasan selama 10,000 jam bagi menguasainya, tetapi saya tidak pasti sekiranya ia terpakai kepada semua orang. Selepas menenangkan ratusan (atau ribuan?) pelanggan yang sedang marah, saya mula mempelajari cara untuk menenangkan mereka.

Melalui kaedah cuba jaya, saya belajar untuk mengendalikan kebanyakan pelanggan yang mencabar. Ia telah membantu saya berjaya, meningkatkan keyakinan DAN mengurangkan tekanan. Di dalam buku ini, saya akan berkongsi teknik-teknik dan model-model supaya anda juga akan seronok berinteraksi dengan pelanggan *hardcore*. Merekalah yang sebenarnya banyak mengajar anda berbanding pelanggan yang mesra dan mudah dikendalikan.

Seterusnya saya berpindah ke Malaysia, di mana saya pernah menguruskan pusat panggilan sebuah syarikat telco yang besar dengan satu juta pelanggan. Saban hari saya mengendalikan aduan daripada pelanggan yang sedang marah. Kini, saya menjalankan perniagaan berbentuk latihan dan perundingan: ServiceWinners International Sdn. Bhd. Saya berharap pandangan unik yang saya kongsikan di dalam buku ini—hasil pengalaman bertahun-tahun di Amerika dan Malaysia—akan membantu anda untuk tidak lagi takut dan bersedia untuk berurusan dengan pelanggan *hardcore* anda.

Sekiranya anda mempunyai sebarang komen, teknik, tip atau persoalan, sila hubungi saya.

Terima kasih,

Steve Coyle

ServiceWinners International | www.servicewinners.com
steve@servicewinners.com | +60-12-2000-998

Penghargaan

Saya ingin berterima kasih kepada editor saya Augustine Chay untuk kritikannya yang profesional dan membina.

Terima kasih juga kepada:

Australia: Andrew Gan

Brunei: Julian Johari

Kemboja: Anthony Chin

Kanada: Tim Paulsen, Ken Young

Jerman: Daniel Ord

Malaysia: Ahereen Lee, Dr. Alan Downe, Albert Khoo, Cabrini Lee Lay Wun, Christina Yap, Farid Reizal Anual, Jude Louis, Khalipah Mastura Abd Rahim, Kiang Chew Peng, Kue Kit Man, Cynde Chong, Manju Thavamoney, Huz Hamdi, Natasha Kumar, Nor Azmir Sulong, Santhi Sukumaran, Sasheedran Raman, Steve Kim, Suhana Abd. Rahim, Tay Yow Hong, Tham Mon Li, dan Vigneswaran Sivalingam.

Poland: Pawel Miller

AS: Steve Akrish, Nick and Marianne Boechler, DeDe Herbert, Jim Rogers, Tom Hehir, Rene Villa, Doug Faber, Charlie Klever, dan Sue Magrath.

Mengendalikan Pelanggan

Hardcore

atau Pesakit, Peminjam, Klien, Tetamu, Penumpang, Subcriber dan sesiapa sahaja!

Steven Coyle

"I complain, therefore I am."

Pengenalan

Kita berhadapan dengan aduan dan konflik secara bersemuka, melalui telefon, internet dan pos, serta daripada bos, rakan dan keluarga. Cara kita mengendalikannya menentukan tahap kejayaan dan tahap tekanan kita di tempat kerja dan dalam kehidupan. Saya mentakrifkan pelanggan *hardcore* sebagai pelanggan yang mencabar serta enggan mendengar dan berubah. Mereka lebih sukar daripada pelanggan biasa. Ada kalanya mereka lantang dan marah-marah (agresif), ada kalanya mereka diam dan berpura-pura (pasif-agresif). Sukar untuk memberikan takrifan tentang tahap *hardcore*, tetapi anda boleh agak apabila melihatnya.

Mengetahui teknik dan strategi yang betul akan memudahkan tugas anda. Di dalam buku ini, saya akan berkongsi model yang mudah, teknik yang praktikal serta kata kunci penting untuk membantukan anda mengubah pelanggan *hardcore* kepada pelanggan yang bagus. Idea dan model di dalam buku ini tidak terhad kepada pelanggan sahaja, malah kepada mana-mana individu *hardcore*.

Buku ini menggunakan perkataan **'pelanggan'** tetapi bergantung kepada situasi anda, anda boleh menggantikannya dengan perkataan 'pesakit', 'peminjam', 'penumpang', 'subcriber', 'pelancong', 'klien', 'tetamu', 'ahli', 'pekerja', 'bos' dan lain-lain.

Buku ini mempunyai empat bahagian.

Bahagian 1: Mentaliti *Hardcore*. Kita akan melihat bagaimana anda atau organisasi anda menghasilkan pelanggan *hardcore* selain menerima hakikat bahawa sebahagian pelanggan adalah *hardcore* secara semula jadi.

Bahagian II: Model Utama Pemulihan Perkhidmatan. Anda akan melihat empat model pemulihan perkhidmatan kegemaran saya yang saya gunakan secara sistematik pada pelanggan *hardcore*. Model-model ini menggunakan mnemonik untuk memudahkan anda mengingatinya semasa berurusan dengan pelanggan yang sedang 'terbakar'.

Bahagian III: Jenis-jenis Pelanggan *Hardcore* Yang Melampau. Model pemulihan perkhidmatan hanya berkesan pada pelanggan *hardcore* yang masih berfikiran logik. Bagaimana pula dengan pelanggan yang melampau? Model dan logik tidak akan berkesan pada mereka. Oleh itu, anda akan melihat teknik-teknik untuk mengendalikan enam pelanggan yang melampau seperti pelanggan yang Biadap, Pembuli, Banyak Cakap, Perasan Pandai, Sarkastik dan Si VIP.

Bahagian IV: Kelengkapan Menghadapi Pelanggan *Hardcore*. Anda akan melihat model-model tambahan pemulihan perkhidmatan termasuk kata kunci untuk membantu anda mengendalikan pelanggan yang mencabar.

Bahagian I:

Mentaliti Hardcore

Bab 1
Adakah Anda Hardcore?

Orang kuat itu bukanlah orang yang kuat bergusti, akan tetapi orang kuat adalah orang yang dapat menahan dirinya ketika marah.

—*Hadis Riwayat al-Bukhari (6114)*

Sebelum menumpukan kepada pelanggan, kita perlulah fokus kepada diri kita terlebih dahulu. Lebih tepat lagi, bagaimana pemikiran, perkataan, nada dan tingkah laku kita menhasilkan pelanggan *hardcore*. Adakah anda bersedia untuk berubah bagi memastikan anda bukan *hardcore*? Bab 2 akan mengfokuskan kepada bagaimana organisasi anda boleh melakukan perkara yang sama. Bab 3 akan mengfokuskan kepada kenapa—tidak kira apa yang anda dan organisasi anda lakukan—sesetengah pelanggan memang sudah *hardcore*.

Semasa pertama kali bekerja, saya secara naifnya berfikir bahawa pelanggan akan gembira sekiranya saya menjadi diri saya yang sebenar. Malangnya, menjadi Steve yang autentik hanya membuatkan pelanggan marah. Saya tidak faham kenapa pelanggan marahkan saya sedangkan saya hanyalah seorang lelaki budiman.

Akan tetapi, bagi mereka tidak.

Tanggapan pelanggan terhadap saya lebih penting daripada tanggapan saya terhadap diri sendiri. Bagi mereka, saya terlalu berterus terang (jujur)—yang membuat saya nampak kejam dan tidak bertimbang rasa.

Sebagai seorang jurubank di Alaska, tugas saya adalah untuk menyaring panggilan masuk dan pelanggan walk-in yang memerlukan pinjaman perniagaan. Kebanyakan bakal pelanggan ini meletakkan harapan yang tinggi terhadap rancangan perniagaan baru mereka: perniagaan komputer, restoran, bot pelancongan musim panas dan banyak lagi. Malangnya, bank saya mengkhususkan pada pembiayaan peralatan pembinaan dan trak untuk syarikat yang sudah ditubuhkan. Oleh itu, apabila bakal pelanggan memerlukan wang untuk perniagaan yang baru dan dalam sektor berbeza, saya akan segera memberitahu mereka, "Maaf, kami tidak menawarkan pembiayaan begitu" untuk menjimatkan masa mereka.

Maka, mereka akan melenting kerana saya telah menghancurkan impian mereka.

Bayangkan bagaimana mereka telah membuat persiapan rapi untuk mendapatkan wang bagi perniagaan baru mereka hanya untuk ditolak mentah-mentah oleh seorang pekerja muda (saya).

Saya mula belajar bahawa bersikap jujur bukan cara yang terbaik. Saya perlu berubah. Pertama, saya perlu mendengar *pitching* mereka (yang mungkin akan memakan masa). Saya juga akan berbohong dan memberi komen seperti, "Itu idea yang bagus" atau "Oh menariknya". Untuk pelanggan walk-in, saya perlu menyemak dokumen yang mereka bawa. Apabila mereka selesai, saya akan menggunakan skrip penolakan saya.

Saya benar-benar minta maaf, tetapi kami tidak menawarkan pembiayaan begitu. Kami hanya membiayai pembelian peralatan pembinaan atau trak bagi perniagaan yang sudah ditubuhkan. Anda mungkin boleh cuba bank lain. Tapi saya sangat berharap anda berjaya kerana ia idea yang sangat bagus.

Adakah mereka gembira? Tidak. Tetapi yang paling penting adakah mereka marah? Tidak. Mereka berpuas hati kerana sekurang-kurangnya saya memberikan mereka masa. Saya juga telah menunjukkan empati dan menerangkan 'kenapa' saya menolak.

Kemudian, saya bekerja sebagai pengutip hutang. Salah satu tugas saya adalah untuk mengendalikan panggilan masuk daripada pelanggan dengan talian yang disekat kerana tidak dibayar. Walau apa pun nombor yang mereka dail, panggilan tersebut akan ditujukan kepada saya. Ini dipanggil *'hotlining'*. Pelanggan yang keliru dan kebiasaannya sedang marah akan berkata, "Saya cuba telefon nombor lain, tapi kenapa saya asyik dapat awak?"

Pada mulanya, sebaik sahaja mendapat nombor telefon dan mengenal pasti identiti pelanggan, saya akan terus memberikan sebab dan penyelesaian untuk masalah mereka bagi menjimatkan masa mereka. Saya beritahu, "Talian anda disekat kerana anda tidak membayar bil. Anda perlu membayar $__ untuk mengaktifkan semula talian."

Mereka akan melenting.

Saya menyedari bahawa hasrat saya untuk menjimatkan masa agar mereka dapat segera mengaktifkan semula talian bukanlah apa yang mereka mahu. Saya belajar untuk meredakan kemarahan pelanggan dengan menyampaikan berita buruk tersebut dengan sopan. Saya akan menggunakan perkataan "maaf" kemudian memberikan penyelesaian dengan berhati-hati sambil mengelak daripada menggunakan perkataan 'bayar' kerana semua orang tidak suka membayar. Saya juga perlu mengelak perkataan 'anda' dalam situasi negatif. Contohnya, "**Anda** tidak membayar bil **anda**."

Biasanya jawapan saya ialah:

Saya minta maaf. Talian ini disekat kerana tidak dibayar, tetapi mudah sahaja untuk diselesaikan. Hanya perlu jelaskan sebanyak $__ menggunakan kad kredit dan talian akan diaktifkan semula dalam masa satu jam.

Perkataan yang anda gunakan serta cara anda menggunakannya (nada dan bahasa badan) menentukan kejayaan anda dengan pelanggan.

Anda mungkin pernah melihat rakaman melalui kamera badan anggota polis di mana kereta yang disyaki penjenayah diminta untuk berhenti. Anggota polis tersebut mungkin menggunakan nada agresif, "Keluar sekarang!" atau kata-kata yang lebih kesat.

Kebanyakan pemandu akan menurut arahan. Akan tetapi, sebahagian kecil mungkin rasa tidak dihormati dan menjawab: "Tak nak!!!"

Kemudian, anggota polis dan pemandu tersebut akan mula bertengkar dan akhirnya mengakibatkan pergaduhan, taser atau lebih teruk lagi tembak-menembak.

Dalam kebanyakan kes, perkara ini boleh dielakkan sekiranya anggota polis tersebut menggunakan perkataan "sila" serta perkataan dan nada yang tidak agresif (*water language*), menerangkan sebab ('*the why*'), dan memberinya pilihan ('boleh?').

Polis tersebut boleh menggunakan nada dan bahasa badan yang penuh hormat seperti:

> *Encik/Cik, sila keluar dari kenderaan kerana saya*
> *perlu...* (sebab), *boleh?*

Menerangkan sebab ('*the why*') menunjukkan rasa hormat kepada seseorang. Kata kunci di sini ialah '**kerana**'. Sekiranya kita tidak menerangkan sebab, kita umpama melayan seseorang seperti kanak-kanak atau lebih teruk lagi binatang. Selain itu, kita juga perlu memberinya pilihan, "Boleh?". Sebahagian pembaca mungkin merasakan bahawa ada kalanya seseorang tidak boleh diberi pilihan dan WAJIB menurut semua arahan. Akan tetapi, saya kerap melihat orang sengaja tidak bersetuju dan membuat keputusan yang bertentangan dengan kepentingan dirinya hanya untuk menunjukkan bahawa dia mempunyai kuasa mengawal sesuatu situasi: *cutting off your nose to spite your face.*

Kebiasaannya, benda hidup tidak membuat pilihan yang bertentangan dengan kepentingan diri sendiri, tetapi ada manusia yang membuat keputusan yang salah. Contohnya orang tidak siuman, cacat mental atau sedang marah (juga satu bentuk kecacatan mental).

Saya tidak faham bagaimana penggunaan kata-kata dan nada yang agresif (*fire language*)—dalam situasi yang bahaya—boleh meredakan keadaan. Daripada membiarkan api bertemu api, gunakan *water language* agar semua pihak dapat bertenang kerana otak yang sedang marah cenderung membuat keputusan yang salah.

Matlamat *water language* adalah untuk menggabungkan perkataan, nada dan bahasa badan yang betul bagi:

1) Menenangkan pelanggan.

2) Menyelesaikan masalah mereka dan

3) Mengekalkan pelanggan.

Ada rakan sekerja saya yang tidak mempunyai ramai pelanggan *hardcore*. Mereka dibayar lebih tinggi, naik pangkat lebih cepat dan lebih gembira berbanding pekerja yang mempunyai ramai pelanggan *hardcore*. Kita tidak boleh selalu menyalahkan sikap pelanggan. Biasanya ia berpunca daripada kita yang gagal menggunakan perkataan, nada dan bahasa badan yang betul. Kitalah penyumbang utama kepada pelanggan *hardcore*. Jadi, adakah anda *hardcore*?

Ramai kakitangan perkhidmatan tidak mempunyai kepintaran emosi untuk menilai kelemahan mereka dalam komunikasi. Saya telah menceritakan bagaimana saya tidak menyedari gaya komunikasi saya yang jujur dan tidak empati (dengan niat untuk menjimatkan masa) telah disalahtafsirkan sebagai *fire language*.

Maklum balas terbaik datang dari pelanggan. Sekiranya anda mempunyai ramai pelanggan *hardcore*, ia merupakan petunjuk bahawa ada sesuatu yang tidak kena dengan gaya komunikasi anda. Kita semua mempunyai titik buta dan pelanggan telah menunjukkannya kepada kita. Kakitangan perkhidmatan yang teruk adalah mereka yang tahu teknik mereka tidak berkesan dan enggan berubah. Mereka adalah kakitangan *hardcore*.

Sikap adalah kunci

Kejayaan anda dalam komunikasi bergantung kepada sikap anda. Adakah anda suka berurusan dengan pelanggan *hardcore*? Saya pernah berasa takut dengan pelanggan *hardcore* dan mereka dapat merasakannya. Hal ini membuatkan mereka bertambah *hardcore*, seperti singa yang dapat mengecam haiwan yang lemah. Bagi mengatasi kelemahan saya, saya telah memilih kaedah yang bertentangan dan berpura-pura menjadi robot yang kuat. Malangnya, ia juga tidak berjaya kerana pelanggan menganggap saya memberontak kerana bencikan mereka (atau kerja saya).

Akhirnya, saya memilih nada yang lebih mesra dan meyakinkan. Setiap kali saya menerima panggilan, e-mel, surat atau kunjungan dalam keadaan marah, saya akan senyum dan berfikir, "apakah puncanya?". Saya bertukar menjadi seorang detektif. Mengetahui punca membantu saya menyelesaikan masalah pelanggan. Biasanya ia berpunca daripada produk yang rosak, perkhidmatan yang teruk atau layanan yang buruk. *Anger follows hurt.* Memahami punca memudahkan penyelesaian masalah.

Sambut baik kemarahan dan konflik

Di antara kemarahan dan konflik, saya lebih suka kepada kemarahan kerana ia merupakan emosi jujur yang memerlukan banyak tenaga untuk dipalsukan berbanding dengan cinta (dan suka) yang lebih mudah dipalsukan dan dimanipulasi. Dengan menyambut baik kemarahan, anda menunjukkan bahawa anda tidak gentar dan anda juga bukan seorang musuh di sebalik kaunter (meja, komputer atau telefon), tetapi seseorang yang berada di pihak mereka serta sedang mencuba untuk memahami dan menyelesaikan masalah mereka. Dalam situasi ini, sukar untuk pelanggan kekal marah. Kenapa anda perlu marah kepada seseorang yang cuba membantu anda?

Mengalu-alukan kemarahan di negara Asia lebih sukar berbanding di negara Barat kerana perbezaan budaya. Di Malaysia, orang jarang hilang sabar—ini bagus. Akan tetapi, ia menyukarkan kakitangan perkhidmatan untuk memahami masalah. Namun begitu, kakitangan perkhidmatan akan berasa takut dan tidak selesa apabila pelanggan mula marah-marah. Hal ini menyebabkan kakitangan memilih teknik yang salah dan membuatkan pelanggan bertambah marah.

Kita mungkin melabelkan pelanggan yang mencabar sebagai 'hardcore', tetapi orang di sekeliling mereka memanggil mereka 'ayah', 'mak', 'sayang', 'datuk' dan sebagainya. Pelanggan *hardcore* juga seorang manusia. Oleh itu, kita perlu mencari sifat kemanusiaan dalam diri mereka—sambil menunjukkan kepada mereka bahawa kita juga seorang manusia yang hanya ingin membantu, bukannya robot.

Konflik biasanya disertai dengan kemarahan dan ada kalanya tidak. Melalui konflik, kita dapat mengetahui bahawa pelanggan mempunyai masalah. Kita perlulah memahami masalah tersebut sebelum kita dapat sama-sama menyelesaikannya.

Menerima konflik tidak asing lagi bagi masyarakat moden. Malah, ramai yang mencari konflik. Juruaudit akan mencari kelemahan dalam proses, produk, perkhidmatan dan organisasi kita bagi memperbaiki kelemahan tersebut.

Kaunselor perkahwinan akan memaksa kita mengenal pasti isu yang membawa kepada konflik dalam rumah tangga untuk menyelamatkan hubungan tersebut.

Proses penilaian prestasi pekerja juga sarat dengan konflik. Hal ini terjadi kerana ia lebih mengfokuskan kepada kelemahan berbanding kekuatan. Tindak balas paling teruk terhadap kritikan ini ialah menafikan dan bertengkar dengan individu yang memberi maklum balas.

Anda boleh melakukan penilaian kendiri secara berkala untuk menghapuskan titik buta dan memperbaiki diri. Ia menyakitkan tetapi dapat menyumbang kepada kemajuan diri.

Kemarahan dan konflik adalah sebahagian daripada kehidupan. Namun begitu, kita perlu belajar untuk memberi tindak balas yang lebih baik dengan mengamalkan pemikiran terbuka. Selepas kita menangani punca kemarahan atau konflik seseorang, barulah otak mereka akan mula memikirkan tentang kepentingan diri sendiri, kerjasama dan penyelesaian masalah.

Anggap pelanggan *hardcore* sebagai cabaran

Bayangkan betapa bosannya pekerjaan anda jika semua pelanggan anda baik dan melakukan semua yang anda mahu. Saya berpengalaman berurusan dengan beribu-ribu pelanggan melibatkan pelbagai masalah perkhidmatan. Kebanyakannya baik. Hanya sebahagian sahaja yang *hardcore*, tetapi saya lebih ingat pada mereka. Pelanggan *hardcore* banyak mengajar anda. Keyakinan diri anda juga akan meningkat apabila anda berjaya mengendalikan mereka. Lebih indah lagi apabila ada pelanggan *hardcore* yang enggan lagi berurusan dengan syarikat anda akhirnya memuji anda dan syarikat anda. Malah, mereka juga memohon maaf atas keterlanjuran mereka. Ia buat saya rasa seperti seorang ahli silap mata yang berjaya melakukan aksi silap mata.

Anda perlu bersikap positif dengan mereka kerana mereka masih pelanggan anda. Tanpa mereka, anda tidak akan ada pekerjaan. Sikap anda menentukan sejauh mana komunikasi anda dengan pelanggan. Melalui perkataan, nada dan bahasa badan anda, pelanggan dapat mengetahui jika anda tidak sukakan mereka.

Salah satu cara untuk mengubah sikap negatif anda adalah dengan mengubah perkataan yang digunakan pada pelanggan. Adakah anda memanggil mereka 'pelanggan' atau nama-nama positif yang lain? Atau anda menggunakan perkataan yang negatif seperti 'penghutang', 'peminjam'[1] , 'orang muflis' dan lain-lain. Setiap industri mempunyai terma tersendiri, tetapi saya lebih sukakan terma yang positif.

Kebanyakan industri menggunakan perkataan 'pelanggan'. Sektor kesihatan menggunakan perkataan 'pesakit' dan kerajaan menggunakan perkataan 'rakyat'. Ini semua adalah perkataan positif yang mendorong anda dan pelanggan untuk bersikap positif.

Perkataan yang anda gunakan serta cara anda menggunakannya (nada dan bahasa badan) menentukan kejayaan anda dengan pelanggan.

Semasa baru berkahwin, saya dan isteri cuba mengubah tabiat satu sama lain sehingga mencetuskan konflik. Akhirnya, kami sepakat untuk menerima kekurangan masing-masing. Hasilnya, saya kini mempunyai seorang isteri yang sempurna kerana saya menjadikannya sempurna dengan menerima ketidaksempurnaannya. Menerima

---

[1] Di dalam buku ini saya menggunakan perkataan 'peminjam' dan 'penghutang' apabila bercerita tentang pengalaman saya mengutip hutang. Perkataan 'pelanggan' digunakan apabila saya melatih dan bercakap dengan pengutip hutang kerana ia mempunyai konotasi yang lebih positif.

pelanggan *hardcore* seadanya akan menjadikan kita lebih tenang dan kurang tertekan.

5 Cara Untuk Lebih Berhubung Dengan Orang Lain

1) Jadi seorang manusia—bukan objek—dan layan orang lain seperti seorang manusia

Di negara Asia, ramai kakitangan perkhidmatan lebih gemar mempunyai hubungan formal dengan pelanggan. Mereka mengelak daripada memanggil nama pelanggan dan memanggilnya dengan Encik/ Cik. Contohnya "Cik perlu buat begini supaya..." Selain itu, mereka juga suka menyembunyikan nama sendiri dalam perbualan. Jika berbual melalui telefon, kakitangan akan kedengaran seperti robot atau seseorang yang melakukan kerja yang dibencinya.

Mereka juga akan kedengaran lemah dan kurang berkeyakinan. Pelanggan *hardcore* suka pada mangsa yang lemah. Penggunaan nama akan membuat anda nampak yakin dan mesra. Membuat jenaka menyindir diri sendiri juga boleh menunjukkan bahawa anda seorang yang berkeyakinan tinggi. Selain itu, bercakap seperti seorang manusia turut membantu anda membina hubungan dan kepercayaan berbanding bercakap seperti robot.

Saya pernah mengembara ke serata Mesir melawat kuil dan makam purba. Dinding-dinding di dalam makam tersebut dipenuhi dengan lukisan rumit bewarna-warni tentang kehidupan Firaun. Walaupun cantik, ia l u k i s a n primitif.[2] Ia hanya karya dua dimensi y a n g m e m p u n y a i tinggi dan lebar.

Di negara Asia, ramai kakitangan perkhidmatan bercakap dengan pelanggan secara dua dimensi. Mereka memberikan maklumat yang betul dengan sopan tapi kedengaran kurang mesra. Mereka tidak berhubung secara tiga dimensi.

Saya pasti anda pernah berasa takut untuk mendedahkan kelemahan anda semasa bercakap. Contohnya semasa temuduga kerja, sesi *networking* dan acara rasmi. Perbualan dalam konteks ini lebih dingin, formal dan tertumpu pada perkara remeh seperti cuaca, pekerjaan dan kemahiran seseorang. Apabila ia berakhir, anda akan rasa menyesal— kerana mensia-siakan peluang untuk orang lain

---

[2] Sumber gambar: Look and Learn, Norman de Garis Davies; *Ipuy and wife receive offerings from their children.* The Metropolitan Museum of Art. https://www.lookandlearn.com/history-images/YM0548567/ Ipuy-and-Wife-Receive-Offerings-from-Their-Children-substantially-restored. Diakses pada: 2 Jan 2023.

mengenali diri anda yang 'sebenar' dan untuk anda mengenali diri 'mereka' yang sebenar.

Komunikasi dengan pelanggan perlu berlaku secara tiga dimensi. Dalam bentuk 3D, terdapat satu lagi dimensi: kedalaman. Ia membolehkan kita melihat interaksi tersebut daripada pelbagai perspektif dan tahap. Apabila kita bercakap dengan lebih mendalam, kita mendedahkan lebih banyak tentang diri kita—dan mudah-mudahan—akan lebih memahami orang lain serta masalah mereka. Perbualan secara 3D menyukarkan konflik daripada tercetus kerana sukar untuk marah kepada pekerja yang baik berbanding dengan robot dan piktograf Mesir.

Kalau anda tidak percaya, anda boleh cuba memandu di Kuala Lumpur selepas hujan lebat. Belum tentu ada yang membenarkan anda menukar lorong walaupun anda sudah memberikan isyarat. Pemandu lain menjadi kurang ajar (kita tidak pernah rasa diri sendiri kurang ajar) kerana mereka melihat anda bukan sebagai seorang manusia tetapi sebagai seorang pencabar, pemandu atau lebih teruk lagi sebuah kereta.

Namun begitu, situasi ini jarang berlaku semasa kita menolak troli di pasaraya. Sekiranya kita perlu memotong laluan orang lain, kita akan senyum, orang tersebut akan senyum, kita akan mengangguk atau berkata "maaf" dan dia akan berhenti serta memberi laluan. Hal ini kerana kita melihat dan melayan satu sama lain seperti manusia. Di lebuh raya, kita memanggil orang lain sebagai 'pemandu', tetapi kita tidak memanggil orang lain sebagai 'penolak troli' di pasaraya. Kita memanggilnya Encik atau Puan. Di negara Asia, kita mempunyai lebih banyak perkataan untuk memanggil orang yang tidak dikenali: Pak Cik, Mak Cik, Abang, Kakak atau Bos.

Saya bukan menyuruh anda bercakap dengan pelanggan seperti kawan. Apa yang saya maksudkan adalah anda perlu bercakap dengan pelanggan sebagai seorang manusia. Matlamat anda adalah untuk mereka melihat anda sebagai seorang manusia 3D. Sekiranya organisasi anda mahu mengekalkan pelanggan, pekerja-pekerjanya haruslah bercakap dengan gaya perhubungan 3D, bukannya gaya transaksional 2D.

2) Beri pelanggan apa yang mereka mahu (selagi munasabah)

Jika aduan tentang produk, perkhidmatan atau proses dalam organisasi anda sarat dengan fakta, berikan banyak fakta. Jika aduan itu sarat dengan perasaan, berikan banyak perasaan. Padankan pelanggan yang logik (berasaskan fakta) dengan fakta. Padankan pelanggan yang emosional (berasaskan perasaan) dengan perasaan. Ini dipanggil *'mirroring'*. Sesuaikan diri anda dengan situasi dan individu tersebut.

Contoh aduan dan jawapan berasaskan fakta	
Pelanggan	"Kenapa giroskop model 2.6b saya tidak bertukar lampu hijau bila saya tekan butang P12?"
Wakil Khidmat Pelanggan	"Saya minta maaf kerana tiada lampu hijau. Adakah Cik sudah tekan butang P12 selama 2-3 saat kerana sensor lampu memerlukan sedikit masa untuk diaktifkan?

Contoh aduan dan jawapan berasaskan perasaan	
Pelanggan	"Macam mana giroskop bodoh ini boleh tak berfungsi sedangkan saya ada demonstrasi dengan bos saya dalam masa sejam. Saya tak mahu nampak macam orang bodoh"
Wakil Khidmat Pelanggan	"Saya minta maaf tentangnya. Biar saya bantu Cik nampak hebat. Boleh saya dapatkan butiran giroskop tersebut?"

Di negara Asia, kakitangan perkhidmatan kerap melawan emosi pelanggan dengan fakta. Sebagai contoh, seorang pelanggan mengadu tentang satu produk atau perkhidmatan dan meluahkan kekecewaannya. Kakitangan akan membalas dengan fakta, "Adakah plug sudah disambung?" Kakitangan itu tidak mengendahkan perasaan negatif pelanggan dan kedengaran seperti robot yang tiada perasaan.

Pelanggan boleh melenting atau meminta untuk bercakap dengan kakitangan lain.

Ada juga kakitangan yang memohon 'maaf' tanpa perasaan, diikuti dengan jawapan fakta. Hal ini juga boleh membuat pelanggan melenting kerana nada pekerja tersebut kedengaran tidak ikhlas. Manusia lebih percayakan komunikasi bukan lisan (nada dan bahasa badan) daripada lisan. Pekerja itu mungkin telah berkomunikasi, tetapi dia tidak berhubung.

Sebagai pengurus pusat panggilan di Malaysia, saban hari saya menerima aduan. Sebelum memindahkan panggilan kepada saya, biasanya pekerja saya akan beritahu, "Steve, pelanggan hanya mahu bercakap dengan awak. Saya sudah cuba membantunya tetapi dia tak mahu dengar. Dia memang betul-betul *hardcore*."

Kakitangan selalu menyalahkan pelanggan.

Akan tetapi, sebaik sahaja saya mendengar masalah pelanggan, menunjukkan empati dan menyelesaikannya, mereka sebenarnya pelanggan yang baik. Mereka bukan *hardcore*. Mujurlah organisasi saya merakam semua panggilan pelanggan. Selepas mendengar banyak panggilan *hardcore* sebegini, saya menemui pola yang sama. Kakitangan saya telah membalas perasaan pelanggan dengan fakta. Maka, pelanggan berasa kecewa dan meminta untuk bercakap dengan penyelia kerana pekerja tersebut tidak benar-benar memahami masalah mereka.

Apa yang pelanggan ingin dengar ialah 'maaf'. Disebabkan pekerja saya tidak menggunakan perkataan itu, saya terpaksa menggunakannya berulang kali. Ini bukan pelanggan yang *hardcore*, tetapi pekerja. Aduan kepada penyelia semakin berkurangan selepas kami membuat latihan empati.

Terdapat lagu Elton John tentang 'maaf' iaitu "Sorry Seems to Be the Hardest Word." Akan tetapi, sesetengah industri perkhidmatan—seperti pungutan hutang dan sokongan teknikal— mempunyai kakitangan yang menyanyikan lagu berbeza: "Sorry Seems to Be Hardly Heard."

Perkataan "maaf" ialah salah satu perkataan yang paling berkesan untuk menenangkan pelanggan yang sedang marah kerana sukar untuk marah kepada orang yang menunjukkan empati. Saya juga meminta "maaf" kepada pelanggan yang berasas fakta dan tidak emosional kerana saya tahu mereka sedang menghadapi masalah dengan produk atau perkhidmatan (jika tidak mereka tidak akan menghubungi saya). Pelanggan menelefon, menghantar e-mel, IM atau berjumpa anda kerana mereka tidak dapat menyelesaikan masalah melalui laman web atau jurujual anda. Sebagai kakitangan perkhidmatan, kita haruslah lebih arif dan mesra berbanding laman web.

3) Elak, jangan lawan

Biarkan pelanggan menang walaupun mereka menghina atau memanggil anda dengan nama yang teruk. Jangan melatah dan berlagak kuat dengan membalas, "Jika Encik/Cik terus menggunakan kata-kata sedemikian, saya akan..." Pelanggan boleh melakukan apa sahaja, tetapi ini tidak bermakna anda perlu membalas dengan cara yang sama. Mencetuskan pertengkaran dan keagresifan menggunakan *fire language* hanya akan menyukarkan anda dan pelanggan mencari penyelesaian.

Jika mereka memanggil anda "bodoh" jangan balas, "Sekurang-kurangnya saya tahu cara menggunakan Produk XYZ." Matlamat anda adalah untuk merasionalkan mentaliti pelanggan yang tidak rasional, menyelesaikan masalah dan mengekalkan pelanggan. Jika anda melawan dan membuatnya nampak bodoh, matlamat anda tidak akan tercapai. Ketepikan ego dan sikap tidak mahu kalah kerana pelanggan, perasaan dan masalah mereka lebih penting daripada anda.

Terdapat undang-undang semula jadi: *that which resists, persists* (semakin ditentang, semakin teguh). Melawan pelanggan hanya membuang masa. Satu jawapan yang salah daripada anda sudah cukup untuk mendatangkan kesan negatif. Bayangkan dua penunggang motorsikal mengalami perlanggaran kecil, tetapi salah seorang daripadanya bertindak balas dengan memarahi dan menghina penunggang lain seperti "Bodoh la! Siapa ajar kau bawa motor?" dan dibalas dengan cara yang sama. Akhirnya, berlaku pergaduhan atau mungkin sesuatu yang lebih teruk.

Kisah tembakan

Semasa berusia 15 tahun, saya menyertai lawatan sekolah ke sebuah rumah agam yang terletak di tepi pantai jauh dari Seattle. Rumah itu menghadap ke pantai. Saya telah terdengar seseorang sedang menembak menggunakan senapang di pantai, tetapi saya tidak nampak kelibatnya. Saya mengubah suara saya agar kedengaran seperti orang dewasa dan menjerit dengan agresif, "Hoi bodoh, berhenti menembak!"

Tiba-tiba, beberapa das tembakan telah dilepaskan ke arah pokok-pokok berhampiran saya. Saya terus meniarap. Penembak itu telah membalas kata-kata dan nada agresif saya dengan peluru yang agresif.

Membalas agresif dengan agresif hanya akan memburukkan keadaan dan mungkin mengundang bahaya. Sebaliknya, balas dengan persetujuan. Tindakan bersetuju boleh meredakan kemarahan pelanggan. Apabila anda bersetuju dengan individu yang cerewet, mereka akan terkejut kerana mereka menjangkakan pergaduhan. Anda tidak perlu bersetuju 100%. Anda boleh bersetuju 1%. Saya juga akan bersetuju (senyum atau mengangguk) jika mereka menghina saya. Walau apa cara sekalipun, saya mahu mengelakkan pergaduhan kerana saya hanya akan kalah dalam pergaduhan dengan pelanggan — walaupun hakikatnya saya menang.

Dengan bersetuju, anda mengelak daripada kemarahan pelanggan seperti seorang peninju yang mengelak tumbukan lawannya.

Antara ayat mengelak yang bagus adalah:

- "Saya setuju dengan anda."

- "Saya juga rasa begitu."

- "Saya tak salahkan anda."

- "Saya setuju dan ingin membantu."

- "Saya minta maaf tentang perkara tersebut."

Daripada menggunakan *fire language*, gunakan *water language*: bahasa tidak agresif. Dalam Bab 3, saya akan berkongsi model Setuju Saja untuk mengurangkan keagresifan pelanggan. Saya pasti ramai di antara kita sudah menggunakannya di rumah atau di tempat kerja. Lebih 25 tahun menjadi seorang suami, saya belajar bahawa bergaduh dan cuba memenangi pertengkaran dengan isteri saya adalah tidak berbaloi. Bergaduh dan bertengkar akan meningkatkan kemarahan dan memutuskan hubungan logik di antara otak dan lidah! Ia hanya akan menyukarkan penyelesaian.

*I thought I was marrying Mrs. Right. But I didn't
know I was marrying Mrs. Always Right.*

Untuk mengurangkan kebarangkalian berlakunya pergaduhan, anda harus mengenal pasti 'trigger' emosi anda. *Trigger* ialah perkataan, nada atau bahasa badan yang digunakan oleh orang lain dan menyebabkan anda marah. *Trigger* adalah berdasarkan pengalaman masing-masing. Jika anda rasa tidak mempunyai *trigger*, cuba fikirkan seorang ahli keluarga atau rakan anda yang menjengkelkan. Apakah perkataan, nada atau bahasa badan yang dia katakan atau lakukan yang membuat anda emosional?

Orang muda mempunyai lebih banyak *trigger* daripada orang yang lebih tua kerana mereka lebih sensitif. Semasa saya masih muda, salah satu *trigger* saya ialah perkataan "bodoh." Ramai rakan sekerja lelaki saya mempunyai *trigger* yang sama. Bagi pekerja wanita muda, saya perhatikan *trigger* mereka ialah perkataan "jal***". Saya tidak akan menaipnya sehingga habis kerana sesetengah pembaca wanita akan marah.

Akan tetapi, "bangsat" (atau kata-kata kesat lain) bukan *trigger* bagi pekerja lelaki. Mungkin kerana lelaki lebih terbiasa dengan kata-kata kesat berbanding wanita? Begitu juga apabila pelanggan memanggil rakan sekerja wanita saya "bodoh", mereka tidak terkesan. Malah, ramai yang beritahu saya, "Saya tak kisah jika mereka memanggil saya bodoh cuma jangan panggil saya jal***."

Set kelengkapan dalam Bab 6 mempunyai senarai kemungkinan 'pengawal *trigger*' untuk menghalang anda daripada melawan dengan *fire language*. Mengenal pasti *trigger* anda adalah langkah pertama untuk mengatasinya. Ia juga menunjukkan kepada orang lain bahawa anda mempunyai Kecerdasan Emosi yang tinggi. Tiada siapa yang akan mendapat faedah jika pelanggan cuba untuk mempengaruhi otak logik anda kerana penyelesaian tidak datang daripada otak yang tidak logik. Pepatah Arab mengatakan, 'kemarahan bermula dengan kegilaan dan berakhir dengan penyesalan'.

Nota: Pelanggan juga mempunyai *trigger* dan dua daripada *trigger* utama mereka ialah:

1) rasa tidak dihormati, dan

2) rasa tidak dipedulikan.

Cara pantas untuk mengawal kemarahan anda dan membiarkan pelanggan menang:

- Tarik nafas atau kira sehingga 10.

- Alihkan perhatian anda (fikir sesuatu yang menggembirakan).

- Bercakap dengan diri sendiri, "Steve, ini tak berbaloi. Jangan bergaduh."

- Senyum

4) Kemukakan penyelesaian atau cadangan anda dengan yakin

Pelanggan akan lebih menghormati penyelesaian atau cadangan anda jika anda mengemukakannya dengan yakin. Pekerja yang berkeyakinan akan dihormati dan dipercayai oleh pelanggan. Dengan mempamerkan keyakinan dan kemesraan, anda dapat mengurangkan bilangan pelanggan *hardcore* dan meningkatkan peluang anda untuk membuat mereka mengikut penyelesaian anda.

Saya suka ayat-ayat yang meyakinkan seperti:

- "Saya syorkan anda…"
- "Saya cadangkan anda…"
- "Saya nasihatkan anda…"
- "Saya akan…"
- "Sila…"
- "Saya pasti bila anda buat…" atau "Saya yakin bila anda buat…"

Saya tidak suka ayat-ayat yang lemah (sering digunakan di negara Asia) seperti:

- "Mungkin anda boleh cuba …"
- "Saya harap ini berkesan…"
- "Mudah-mudahan perkara ini akan berakhir…"
- "Insya-Allah ini akan…"
- "Saya akan cuba…"
- "Saya pun tak pasti tapi cuba…"

Sudah tentu keyakinan sahaja tidak mencukupi jika anda tidak menyelesaikan masalah pelanggan. Pelanggan *hardcore* telah memberikan peluang kepada anda untuk menyelesaikan masalah mereka. Oleh itu, jangan kecewakan mereka.

5) Jangan menggesa pelanggan

Siapa suka menerangkan masalah dengan tergesa-gesa? Setiap pelanggan mempunyai cerita yang menyakitkan untuk disampaikan. Jika anda mencelah, anda akan mengganggu aliran cerita mereka serta membuat mereka bertambah sakit dan kecewa. Anda juga akan kelihatan tidak bertimbang rasa. Sesetengah pelanggan mempunyai kesakitan dan kekecewaan yang teruk sehingga mereka akan mengulang semula cerita mereka. Sekali lagi, jangan mencelah. Dengar, faham dan selesaikan. Memberikan masa kepada pelanggan menunjukkan minat dan membantu mencipta hubungan.

Nota: Dalam Bab 5, saya akan berkongsi satu model untuk menamatkan perbualan apabila anda mendapat pelanggan yang 'Banyak Cakap'— pelanggan yang tidak berhenti bercakap walaupun anda sudah mendengar masalah mereka DAN mengemukakan penyelesaian yang dipersetujuinya. Mudah-mudahan anda tidak perlu menggunakannya dengan kerap.

Ringkasan Bab:

- Sukar untuk mengendalikan pelanggan *hardcore*. Oleh itu, jangan menyukarkannya lagi dengan menghasilkan pelanggan *hardcore* melalui penggunaan perkataan, nada atau bahasa badan yang salah. Anda mungkin akan dipecat atau dipindahkan jika anda menghasilkan terlalu ramai pelanggan *hardcore*. Gunakan *water language,* bukan *fire language.*

- Dua perkataan penting dalam set kelengkapan anda ialah "maaf" dan "kerana".

- Berkomunikasi secara 3D untuk mendalami masalah. Berhubung dengan pelanggan boleh meningkatkan peluang anda untuk menangani aduan. Manusia berupaya menunjukkan keprihatinan. Anda sudah hampir menangani kebanyakan aduan jika pelanggan dapat merasai keprihatinan anda.

*

Kita telah membincangkan bagaimana kita boleh mengawal, sama ada menambah atau mengurangkan bilangan pelanggan *hardcore*. Sekarang, kita akan melihat bagaimana organisasi kita menghasilkan pelanggan *hardcore* melalui polisi, prosedur dan KPI. Setiap organisasi haruslah berusaha untuk menjadi organisasi yang menfokuskan kepada pelanggan.

Bab 2
Adakah Organisasi Anda Hardcore?

Kurangkan penderitaan pelanggan anda.

—Hazel Edwards

Organisasi yang mempunyai proses, prosedur dan polisi yang tidak mesra pelanggan akan menghasilkan pelanggan *hardcore*. Sebagai seorang yang berpengalaman dalam industri perkhidmatan, saya mendapati kebanyakan pekerja yang 'kurang ajar' bukan biadap secara semula jadi. Mereka menjadi kurang ajar kerana tidak dilatih atau dibimbing dengan betul. Selain itu, pengurusan syarikat mungkin telah menetapkan proses dan pengukur (KPI) yang tidak wajar sehingga pekerja terpaksa mengikutnya.

Mungkin ini pernah berlaku kepada anda semasa berurusan dengan sesebuah organisasi?

- Salah sebuah syarikat majalah kegemaran saya mempunyai proses dalam talian yang mudah untuk melanggan tetapi sukar untuk membatalkannya. Untuk berhenti melanggan, saya terpaksa menunggu dan bercakap dengan ejennya melalui IM.

- Saya telah menghubungi pembekal perkhidmatan wayarles saya untuk bertanya tentang cara mengakses mel suara semasa *roaming* di luar negara. Kakitangannya telah meminta nombor ID akaun saya iaitu nombor pasport yang telah tamat tempoh. Malangnya, saya terlupa nombor tersebut dan pekerja tersebut enggan menjawab pertanyaan saya. Kemudian, saya menelefon semula dan berpura-pura sebagai bakal pelanggan baharu yang berminat dengan perkhidmatan mereka. Saya bertanya soalan yang sama dan kakitangannya telah membantu saya.

- Saya telah pergi ke satu pejabat majlis perbandaran untuk membayar cukai. Ketika itu masa menunjukkan jam 4:15 petang. Pekerja di kaunter memberitahu bahawa dia tidak dapat membantu saya kerana sudah pukul 4:30 petang. Jam di pejabat telah dicepatkan sebanyak 15 minit oleh pekerja supaya mereka boleh pulang awal. Saya merayu kepada pekerja itu untuk menerima wang saya. Nasib baik dia menerimanya.

Saya pasti anda juga pernah mengalami pengalaman buruk yang tidak dapat dilupakan sebagai pelanggan. Mungkin juga sehingga trauma? Seperti kebanyakan kes trauma, kaedah terbaik untuk mengatasinya adalah dengan berkongsi sama ada dengan organisasi yang telah menyebabkannya atau dengan orang lain. Kita lebih mengingati pengalaman buruk sebagai pelanggan berbanding pengalaman baik kerana kita sentiasa mengharapkan perkhidmatan yang terbaik.

Syarikat yang menetapkan dan menguatkuasakan polisi dan prosedur yang tidak mesra pelanggan akan menghasilkan pelanggan *hardcore*. Dalam industri perkhidmatan, terdapat KPI yang dipanggil CE (*Customer Effort*). Organisasi yang bijak akan mengkaji tahap kesukaran pelanggan untuk berurusan dengan mereka. Dengan IT menjadi tumpuan utama dalam kehidupan serta persaingan di seluruh dunia, mempunyai skor CE yang bagus penting jika kita ingin mengatasi syarikat lain.

Ia juga terpakai kepada kerajaan. Di Malaysia, kita mempunyai kelemahan dalam menarik pelaburan langsung asing (FDI). Bagaimana sebuah negara dengan 34.1 juta penduduk boleh bersaing dengan negara seperti Indonesia, Vietnam atau China? Salah satu caranya adalah dengan memberikan penyampaian perkhidmatan yang terbaik kepada pelabur asing—seperti yang dilakukan oleh Singapura.

Singapura dengan populasi enam juta dan keluasan tanah setanding dengan New York mempunyai FDI tertinggi di rantau ASEAN. Malah, jumlah FDI Singapura mengatasi gabungan FDI negara ASEAN yang lain!

Salah satu sebab syarikat Fortune 500 melabur dan mempunyai pejabat operasi di Singapura kerana negara itu mempunyai CE yang baik. Menurut laporan Startup Ecosystem Index 2022 oleh StartupBlink, iklim ekonomi Singapura berada di tempat ketujuh daripada 100 negara serta tertinggi di Asia. Laporan itu menyatakan, "Sistem perundangan cukai di Singapura yang menguntungkan dan kemudahan dalam menjalankan perniagaan telah memperkasakan ekosistem pelaburan secara besar-besaran[3]."

Aliran masuk pelaburan langsung asing (FDI) dan FDI per kapita untuk beberapa negara ASEAN bagi tahun 2021

Negara	*nilai FDI (AS$ billion)	**Populasi (juta)	FDI per kapita (AS$ sebenar)
Singapore	$99.1b	6.0m	$16,517
Malaysia	11.6	34.1	340
Cambodia	3.5	16.9	207
Vietnam	15.7	98.5	159
Indonesia	20.1	276.4	73

*Sumber: World Investment Report 2022, https://unctad.org/system/files/official-document/wir2022_en.pdf#page=22, p. 212. (Diakses pada Disember 27, 2022).
** World Population Review, https://worldpopulationreview.com/, 2022 'live'. (Diakses pada Disember 27, 2022).

Kebanyakan produk dan perkhidmatan dalam organisasi kita mempunyai persamaan dengan syarikat pesaing. Apa yang membezakan anda dengan pesaing ialah mutu penyampaian perkhidmatan sama ada melalui telefon, bersemuka atau web. Anda perlulah memudahkan dan menyenangkan pelanggan berurusan dengan organisasi anda.

---

[3] StartupBlink, Global Startup Ecosystem Index 2022, p. 78. https://www.startupblink.com/startupecosystemreport?mc_cid=5b2125cc8a&mc_eid=aa107f44dd. (Diakses pada Jun 12, 2022).

Malangnya, kebanyakan organisasi melihat pusat panggilan dan jabatan khidmat pelanggan sebagai *cost center*. Akan tetapi, jika betul "pelanggan adalah raja", bukankah semua bahagian yang melibatkan pelanggan penting untuk kita membina jenama?

Perkara ini boleh dilihat apabila sesebuah syarikat mengutamakan *cost center* berbanding pelanggan. Bayangkan anda menghubungi syarikat tersebut dan diberitahu betapa pentingnya panggilan anda, tetapi anda perlu menunggu. Sebaik sahaja anda dapat bercakap dengan kakitangannya, dia mahu menamatkan panggilan secepat mungkin kena risau tentang AHT (Purata Masa Urusan). Saya tidak bermaksud AHT tidak penting; tetapi organisasi tidak patut menjadikannya sebagai KPI yang dominan kerana ia hanya akan menghasilkan ramai pelanggan *hardcore*.

Jabatan khidmat pelanggan adalah sebahagian daripada organisasi. Oleh itu, pengurusan kanan harus memastikan semua pekerja mengutamakan pelanggan.

6 proses untuk memastikan organisasi anda tidak menghasilkan pelanggan *hardcore*

1) Rancang polisi, prosedur dan KPI yang memfokuskan kepada pelanggan dan libatkan pelanggan semasa merancang (mengikut kesesuaian)

Semasa menjalankan satu program latihan mengutip hutang di Malaysia, beberapa peserta mengadu bahawa standard Kualiti Panggilan syarikat mereka tidak adil. Standard tersebut memerlukan mereka memanggil nama pelanggan sebanyak tiga kali dalam setiap panggilan, walaupun panggilan itu kurang daripada satu minit. Salah seorang pengutip hutang memberitahu bahawa dia berjaya meyakinkan seorang pelanggan *hardcore* untuk membuat bayaran penuh melalui kad kredit dan merasakan bahawa dia telah melakukan tugasnya dengan baik.

Malangnya, Jabatan Kualiti menyatakan bahawa dia telah melakukan kesilapan besar kerana hanya memanggil nama pelanggan sebanyak dua kali. Maksud: gagal sepenuhnya. Rating buruk tersebut telah merosakkan KPI bulanannya walaupun dia telah memungut lebih daripada sasaran jabatan dan layak untuk menerima bonus, tetapi ditolak kerana mempunyai markah 'buruk'. Apabila saya menyoal Jabatan Kualiti tentang standard mereka, mereka menjadi defensif. Bagi Jabatan Kualiti, peraturan dan standard mereka lebih penting berbanding kepuasan pelanggan berinteraksi dengan pengutip hutang syarikat atau sama ada pelanggan membayar hutang atau menamatkan panggilan.

Sebelum menguatkuasakan sesuatu proses perkhidmatan, kita perlulah menilai kesannya kepada pelanggan. Adakah polisi atau prosedur itu akan memberi pengalaman yang positif, negatif atau neutral kepada pelanggan?

Saya pernah menghubungi sebuah organisasi untuk bertanya tentang satu masalah perkhidmatan yang tidak dapat diselesaikan oleh kakitangan perkhidmatannya. Apabila panggilan ditamatkan, sistem IT mereka menghantar SMS kepada saya untuk menilai kakitangan itu dengan skor 1-5. Satu = teruk, lima = cemerlang. Memandangkan dia tidak dapat menyelesaikan masalah saya, saya memberikannya '1'. Beberapa minit kemudian, saya telah menerima panggilan daripada penyelianya. Dia bertanya mengapa saya memberi skor '1'? Saya menjawab kerana kakitangan itu tidak dapat menyelesaikan masalah saya. Dia membalas, "OK. Terima kasih." Kemudian saya bertanya, "Adakah awak akan menyelesaikan masalah saya?" Dia menjawab, "Terima kasih tuan, selamat tinggal."

Dia terus meletakkan telefon.

Proses organisasi tersebut direka untuk memahami sebab skor rendah dan menghukum pekerja, bukan untuk menyelesaikan masalah dan memenangi semula hati pelanggan. Ia proses yang mengfokuskan kepada syarikat.

2) Sampaikan produk dan perkhidmatan yang *on-brand*

Organisasi anda telah meyakinkan pelanggan untuk membeli produk atau perkhidmatan anda. Sekarang, organisasi anda perlulah menyampaikan produk atau perkhidmatan yang betul, mengikut kualiti dan kuantiti yang ditetapkan, pada harga yang dipersetujui, ke lokasi dan masa yang betul. Sebarang kecacatan dalam mana-mana langkah ini akan menghasilkan pelanggan *hardcore*.

Pelanggan membuat aduan apabila mereka berasa tidak dihormati. Perkara ini berpunca daripada kakitangan, produk, perkhidmatan atau proses dalam organisasi anda. Penghantaran produk atau perkhidmatan yang '*off brand*' akan menyebabkan pelanggan berasa tidak dihormati atau lebih teruk lagi ditipu. Pelanggan tidak seharusnya "berasa hina" apabila berurusan dengan anda atau organisasi anda. Apabila seseorang berasa terhina, mereka akan melawan. Penyampaian produk dan perkhidmatan yang *on brand* akan membuat pelanggan berasa SENANG.

3) Sambut baik aduan

Pada masa kini, banyak laman web syarikat yang cuba menyembunyikan e-mel atau nombor telefon mereka. Mereka seolah-olah memberitahu pelanggan, "Jangan hubungi atau e-mel aduan kepada kami. Hanya rujuk Soalan Lazim atau guna aplikasi kami." Perkhidmatan yang baik adalah perkhidmatan yang memberikan pilihan kepada pelanggan. Syarikat yang mengelak daripada pelanggan akan tewas kepada pesaing. Aduan merupakan sumber yang penting untuk syarikat menambah baik apa yang mereka tawarkan.

Salah satu cara yang mudah untuk mengalu-alukan aduan adalah dengan memberitahu pelanggan, "Terima kasih atas aduan anda." atau, "Terima kasih kerana memberitahu kami tentang masalah ini."

4) Beri kuasa kepada kakitangan dan petugas barisan hadapan anda

Kurangkan rutin kompleks dalam menyelesaikan aduan. Ini dipanggil *'first call resolution'*. Semasa mengendalikan satu projek konsultasi, saya telah melihat bagaimana kakitangan pusat panggilan menyelesaikan masalah. Semuanya berjalan dengan baik dan masalah juga berjaya diselesaikan. Akan tetapi, mereka memberitahu saya bahawa organisasi mereka tidak memberikan kuasa kepada mereka untuk menyelesaikan masalah pelanggan. Mereka hanya berjanji kepada pelanggan untuk menyelesaikan masalah tetapi tidak dilakukan. Ini membuatkan pelanggan marah dan menghubungi kakitangan lain yang juga akan melakukan perkara yang sama. Akhirnya, organisasi itu dibeli oleh pesaing.

Nota: Di negara Asia, banyak organisasi yang memberi kuasa kepada wakil khidmat pelanggan mereka untuk menyelesaikan masalah pelanggan seperti mengeluarkan nota kredit, penepian atau diskaun; tetapi ramai kakitangan yang takut untuk menggunakan kuasa tersebut kerana bimbang menghadapi masalah.

Selain diberi kuasa, pekerja juga memerlukan latihan dan bantuan IT bagi melaksanakan tugas dengan baik. Menurut Steve Kim, bekas Pengurus Besar Customer Experience Telekom Malaysia:

Populariti media sosial dan aplikasi mudah alih telah meningkatkan harapan terhadap kemahiran kakitangan perkhidmatan! Pelanggan menilai kakitangan berdasarkan sejauh mana masalah mereka ditangani. Sebarang perubahan operasi yang memberi kesan kepada pelanggan perlu disampaikan kepada petugas barisan hadapan. Di samping itu, organisasi juga perlu menyediakan latihan dan sistem IT yang betul kepada petugas barisan hadapan. Pada masa kini, pelanggan mendapat maklumat dengan mudah melalui media sosial dan aplikasi mudah alih. Oleh itu, petugas barisan hadapan perlu mempunyai lebih banyak maklumat daripada pelanggan.

5) Sokong kakitangan dan petugas barisan hadapan anda

Tidak kira betapa hebatnya kakitangan dan petugas barisan hadapan anda berkomunikasi dengan pelanggan, sesetengah pelanggan *hardcore* tetap akan merungut. Jika pasukan anda telah mengendalikan pelanggan *hardcore* dengan baik, maka anda mesti menyokong pekerja anda.

Tempat kerja lama saya di Amerika mempunyai talian "Hotline Presiden." Jika pelanggan tidak berpuas hati dengan penyelesaian yang disyorkan oleh kakitangan pusat panggilan, mereka boleh menghubungi Presiden (CEO). Presiden kami tidak pernah menerima panggilan tersebut. Sebaliknya, dia mempunyai satu pasukan setiausaha eksekutif senior yang akan menyiasat aduan dan menghubungi pelanggan semula untuk menyampaikan keputusan mereka. Apabila saya berpindah ke tempat lain, saya bertemu pasukan tersebut untuk mengucapkan selamat tinggal. Apabila saya memberitahu nama saya, salah seorang daripada mereka berkata, "Oh, awaklah Steve Coyle. Kami banyak menerima panggilan tentang awak." Kemudian, dia mengucapkan selamat maju jaya.

Sebagai kakitangan perkhidmatan pelanggan, berapa kerapkah pelanggan meluangkan masa untuk memuji anda? Tetapi mereka akan meluangkan masa untuk mengadu tentang anda. Saya berterima kasih atas sokongan pasukan Hotline Presiden kerana mereka pasti telah mendengar rakaman panggilan serta kata-kata dan nada saya semasa menawarkan penyelesaian. Namun begitu, sudah pasti ada sesetengah pelanggan tidak akan suka pada anda walaupun anda tidak salah.

Pihak pengurusan di seluruh dunia ingin mengurangkan aduan pelanggan. Akan tetapi, aduan dan konflik pelanggan mendapat lebih banyak perhatian di negara Asia. Kebanyakannya terlalu reaktif. Rungutan adalah sebahagian daripada kehidupan. Kita tidak boleh sentiasa menyalahkan kakitangan. Jika disiasat dengan lebih mendalam, aduan tersebut mungkin berpunca daripada kelemahan dalam pengambilan pekerja, latihan, sistem, proses, komunikasi atau sebab-sebab lain.

6) Ambil pekerja yang mencerminkan nilai perkhidmatan anda—dan pecat atau pindahkan mereka yang tidak

Dalam satu projek konsultasi di sebuah lapangan terbang antarabangsa, pasukan kami ditugaskan untuk meningkatkan mutu penyampaian perkhidmatan kaunter informasi. Apabila saya memperhatikan dan menyoal petugas kaunter, saya mendapati kebanyakan daripada mereka tidak selesa berhadapan dengan pelanggan. Apabila saya bertanya kepada mereka, "Mengapa kamu bekerja di sini?"

Mereka menjawab, "Kerana ini sahaja kerja yang saya dapat."

Menariknya, jabatan HR telah membuat tinjauan psikometrik sebelum diambil bekerja. Lebih 70% daripada petugas kaunter dinilai lebih sesuai untuk kerja-kerja pentadbiran; tetapi ditempatkan di kaunter informasi. Ini adalah ketidaksesuaian pekerjaan.

Mujurlah pihak HR telah menyelesaikan masalah ini dan memindahkan pekerja yang tidak mahu bekerja di kaunter. Mereka juga memindahkan pekerja pentadbiran yang mahu bekerja kaunter. Organisasi itu akhirkan memenangi anugerah perkhidmatan terbaik peringkat antarabangsa.

Apabila anda menemuduga calon untuk tugas berkaitan perkhidmatan, pastikan mereka suka dan mesra dengan orang lain. Anda telah menemui formula kejayaan sekiranya anda mempunyai pekerja yang melakukan tugas yang sesuai dengan mereka, proses dan sistem yang memfokuskan kepada pelanggan, serta produk dan perkhidmatan yang bagus.

Saya lebih suka menumpukan pada nilai dan sikap berbanding kemahiran calon. Saya mahu pekerja perkhidmatan yang cemerlang kerana kemahiran boleh diajar dengan mudah.

Nilai dan sikap utama yang saya cari dalam 'Pekerja Perkhidmatan Yang Cemerlang':

A.   **Empati**. Ini adalah atribut yang paling penting kerana bukan semua orang boleh menunjukkannya. Elakkan daripada mengambil pekerja yang percaya pelanggan wajar menghadapi masalah atau suka melihat penderitaan pelanggan. Perkerja Perkhidmatan Yang Cemerlang mempunyai skor EQ yang tinggi.

B. Keyakinan dan penyampaian. Pekerja Perkhidmatan Yang Cemerlang mempunyai kemahiran mendengar yang baik dan menyampaikan penyelesaian menggunakan *water language* dengan yakin.

C. Tenang. Saya mahu kawan, bukan lawan. Bergaduh dengan pelanggan adalah satu situasi kalah-kalah yang mengundang kepada masalah lebih besar. Ia juga merugikan organisasi. Pelanggan *hardcore* sudah banyak drama; saya tidak mahu ahli pasukan saya membuat lebih banyak drama.

D. Baik hati. Orang yang baik mudah bekerja dengan semua orang, bukan sahaja dengan pelanggan.

☝ Tip: Nilai dan sikap sukar dilihat dalam sesi temu duga pendek, jadi pertimbangkan proses temu duga yang lebih panjang untuk menilai calon dan menyelidik majikan terdahulu mereka. Minta bukti yang menunjukkan nilai dan sikap ini. Walaupun kehidupan kita banyak bergantung pada teknologi, organisasi kita tidak akan berjaya jika manusia—iaitu bahagian terakhir dalam laluan penyampaian perkhidmatan tidak berada pada tahap yang terbaik.

Ringkasan Bab:

- Perkhidmatan pelanggan bukan sekadar satu jabatan. Ia adalah tanggungjawab keseluruhan organisasi. Anda memerlukan sokongan pengurusan kanan untuk menjadikan perkhidmatan pelanggan sebahagian daripada budaya organisasi anda.

- Pastikan organisasi anda tidak menghasilkan pelanggan *hardcore*. Ambil pekerja yang berorientasikan perkhidmatan serta rancang proses dan polisi yang memfokuskan kepada pelanggan. Anda mahukan skor CE (*Customer Effort*) yang baik daripada pelanggan. Bergantung pada kesesuaian, libatkan pelanggan semasa merancang proses, produk, perkhidmatan dan polisi organisasi anda.

*

Kita telah melihat bagaimana kita dan organisasi kita menghasilkan pelanggan *hardcore*. Sekarang mari kita lihat kenapa sesetengah pelanggan memang sudah berada dalam mod *hardcore*—dan cara untuk mengendalikan mereka.

Bab 3

Kenapa Sesetengah Pelanggan Menjadi Hardcore?

Pelanggan anda yang paling tidak gembira adalah sumber terbaik untuk anda belajar.

- Bill Gates, pengasas bersama Microsoft

Trend membeli-belah secara dalam talian dan penghantaran pantas telah meningkatkan harapan pelanggan ke tahap tertinggi. Aduan yang dianggap remeh lima tahun lalu seperti kelewatan 1 hari penghantaran adalah masalah besar pada hari ini. Hal ini menyebabkan kakitangan perkhidmatan menerima lebih banyak e-mel, IM, Live Chat dan kunjungan pelanggan *hardcore*. Pelanggan juga semakin kurang bertoleransi terhadap kesilapan.

Selain harapan, kemarahan pelanggan turut meningkat. Sejak COVID-19, kita mula menjalani kehidupan tidak normal seperti penjarakan sosial, pelitup muka, vaksinasi, peraturan perjalanan, bekerja dari rumah, pendapatan berkurangan, inflasi, varian baharu, kelas yang dibatalkan, penerbangan yang dibatalkan dan lain-lain. Hal ini menyebabkan orang ramai menjadi semakin sensitif dan cepat marah.

Pelanggan menggunakan kemarahan untuk menunjukkan kepada anda bahawa mereka berkuasa mengawal sesuatu situasi. Ia juga merupakan cara untuk mereka melepaskan emosi yang terpendam. Menurut Customer Care Measurement & Consulting[4] yang berpangkalan di AS, kemarahan pelanggan menunjukkan peningkatan ketara. Kajian tahap kemarahan ini telah dijalankan sejak tahun 1976.

Berikut adalah beberapa fakta menarik:

Index kemarahan	1976	2020
Pelanggan yang mengalami kemarahan	32%	66%

Medium digunakan pelanggan	2017	2020
Telefon	70%	42%
Digital (e-mel, live chat, media sosial, dll.)	12%	43%
Bersemuka	23%	10%

Purata jumlah komunikasi bagi masalah serius	2017	2020
	4.1	2.9

Bab ini akan membincangkan kenapa sesetengah pelanggan muncul dalam keadaan *hardcore* walaupun anda mahupun syarikat anda tidak melakukan apa-apa kepada mereka.

Amaran! Jangan cop mereka sebagai 'jahat' kerana kita mungkin pernah menjadi pelanggan *hardcore*. Kunci untuk

[4] 2020 National Customer Rage Survey," Customer Care Measurement & Consulting, 2020, https://www.customercaremc.com/wp-content/uploads/2020/06/CCMC_2020CustmomerRageStudy_Infographic.jpg (Diakses pada 7 Januari 2022).

mengendalikan mereka adalah memahami mengapa mereka menjadi *hardcore*.

Terdapat tiga jenis utama pelanggan *hardcore*:

1) Masalah peribadi. 4 penyebab utama: Masa, Wang, Cinta dan Kesihatan. Walaupun berbeza masalah, ia boleh ditangani dengan cara yang sama.

2) 'Tak Pernah Puas Hati'. Sesetengah orang lebih cerewet daripada orang lain secara semula jadi. Tidak kira betapa bagus sesuatu produk atau perkhidmatan, sesetengah pelanggan akan menetapkan standard yang tinggi secara tidak realistik. Saya memanggil mereka pelanggan yang "Tak Pernah Puas Hati".

3) 'Sudah Tak Peduli'. Pelanggan ini telah menerima kesan negatif sama ada daripada anda, organisasi anda atau kehidupan sehingga mereka tidak mahu lagi berurusan dengan anda. Mereka sudah putus asa dan pasrah.

Mari kita lihat ketiga-tiga jenis pelanggan dan cara untuk mengendalikan mereka.

Jenis 1: Masalah peribadi (Masa, Wang, Cinta, Kesihatan)

Masalah masa adalah apabila pelanggan memerlukan lebih banyak masa atau mahu anda bekerja lebih pantas. Masalah wang adalah apabila pelanggan tidak mempunyai wang yang mencukupi atau tidak berpuas hati dengan harga yang ditetapkan. Masalah cinta adalah apabila pelanggan menghadapi masalah hubungan sama ada di rumah atau dengan seseorang di dalam organisasi anda. Masalah kesihatan adalah apabila sesuatu isu dipengaruhi oleh kesihatan pelanggan.

Ramai pelanggan *hardcore*, terutamanya di Asia, malu untuk berkongsi masalah peribadi mereka. Saya mendapati penghutang dan pesakit hospital dengan bil tertunggak lebih bersifat terbuka kerana maklumat ini diperlukan bagi menyelesaikan masalah kewangan atau kesihatan mereka. Sebaliknya, saya akan terkejut jika pelancong atau tetamu hotel berkongsi masalah peribadi dengan kakitangan perkhidmatan.

Berikut adalah tujuh tip untuk digunakan selepas mendengar pelanggan berkongsi masalah peribadi mereka—bergantung pada industri anda.

☞ Tip I: **Empati menyembuhkan hati**

Gunakan perkataan, ayat dan nada yang menunjukkan empati. Antaranya ialah "maaf", "bantu", "bersama-sama" dan "saya".

Katakan seorang pesakit kanser menghadapi masalah untuk membayar bil hospital kerana kekangan aliran tunai. Pekerja bahagian kewangan hospital boleh berkata,

Saya simpati dengan diagnosis kanser anda. Saya hanya mampu membayangkan perasaan anda. Oleh itu, saya ingin membantu anda dengan menawarkan pelan pembayaran balik yang mudah.

Seseorang yang mempunyai EQ rendah mungkin melawan perasaan pesakit dengan fakta dan berkata, "Saya tahu, tetapi anda masih perlu bayar." Pekerja bahagian kewangan seperti ini sepatutnya bekerja di bahagian pentadbiran atau diberi latihan empati kerana dia kedengaran seperti tidak berhati perut.

☞ Tip II: **Sambut baik perkongsian pelanggan**

Berkongsi masalah peribadi memerlukan banyak keberanian.

Saya menggunakan ayat ini:

1. "Terima kasih kerana berkongsi tentang perkara tersebut."

2. "Saya hargai kejujuran anda."

3. "Terima kasih kerana memberitahu saya tentang perkara tersebut."

Apabila pelanggan berkongsi masalah, saya akan lebih memahami situasi mereka dan dapat menawarkan penyelesaian yang lebih baik. Masalah peribadi disertai dengan perasaan. Dalam Bab 1 kita telah belajar bahawa perasaan mesti dibalas dengan perasaan. Ini dipanggil *'mirroring.'*

Akan tetapi, apabila pelanggan terlalu emosional, kadangkala "maaf" sahaja tidak mencukupi. Anda boleh tahu bila mereka berkata, "Saya tak peduli walaupun awak minta maaf", atau "Maaf tak menyelesaikan masalah." Apa yang mereka maksudkan adalah, "Saya memerlukan lebih empati daripada sekadar 'maaf'."

Ayat penghubung sesuai digunakan dalam situasi ini kerana ia menunjukkan empati yang tinggi serta menghubungkan hati anda dengan hati pelanggan.

Contoh:

- "Saya hanya mampu membayangkan apa yang anda rasa."

- "Ia pasti mengecewakan."

- "Saya juga akan rasa begitu."

Ayat penghubung berkesan tetapi jarang digunakan di negara Asia. Di sini, dapat mendengar perkataan "maaf" pun sudah dikira cukup baik.

Kebiasaannya, rungutan sebenar pelanggan adalah kurang emosional berbanding masalah peribadi yang disembunyikan mereka. Menghargai perasaan yang datang bersama masalah peribadi sedikit sebanyak membantu anda menyelesaikan masalah. Salah satu perkara yang saya rindu dengan A.S. selepas tinggal di Asia selama lebih 25 tahun adalah ayat penghubung.

Kisah Ayat Penghubung

Semasa bekerja di sebuah pusat panggilan di Malaysia, saya menerima aduan daripada pelanggan yang marah tentang cara kakitangan saya bercakap dengan mereka. Ada seorang pelanggan mengadu bahawa dia tidak dapat menggunakan telefon bimbitnya untuk membuat panggilan penting ke India kerana jabatan saya telah menyekat taliannya yang tidak dibayar. Dia sangat emosional kerana telah kerugian jutaan ringgit.

Saya berkata, "Saya benar-benar minta maaf tentang perkara tersebut, Tuan." Dia masih merungut. Kemudian saya berkata, "Saya hanya mampu membayangkan bagaimana kecewanya anda."

Dia berhenti merungut dan bertanya, "Adakah awak orang Malaysia?"

Saya menjawab, "Tidak, tetapi bagaimana anda tahu?"

Dia berkata, "Kerana pengurus Malaysia tidak pernah peduli."

"Sudah tentu saya peduli", jawab saya. "Hanya pindahkan RM____ hari ini dan saya akan mengaktifkan semula talian anda dalam masa sejam."

Ia adalah satu panggilan yang mudah. Dia hanya mahu seseorang mempedulikan masalahnya kerana kakitangan sebelum ini tidak melakukannya. Kakitangan itu terus menyelesaikan isu menggunakan fakta dengan berkata, "Tuan perlu bayar RM____ sebelum saya boleh mengaktifkan semula talian anda."

Jawapan kakitangan itu yang berasaskan fakta gagal berhubung dengan perasaan pelanggan. Pelanggan telah meninggikan suara untuk didengari namun dibalas dengan cara yang sama oleh kakitangan tersebut. Oleh sebab itu, pelanggan meminta untuk bercakap dengan pengurus.

NOTA: Apabila pelanggan berkongsi masalah peribadi, saya mengelak daripada berkata: 'Saya faham' kerana pelanggan boleh membalas, "Tak, awak tak faham." Saya lebih suka "Saya hanya mampu membayangkan apa yang anda rasa."

☝ Tip III: *Name the Game*

Bagaimana jika pelanggan enggan berkongsi masalah mereka? Saya menggunakan teknik yang dipanggil, *"Name the Game."* Kaedah ini bertujuan untuk mendapatkan kebenaran daripada pelanggan.

Ayat yang saya gunakan ialah:

1. "Encik/Cik Pelanggan, boleh saya tahu apa yang berlaku?"

2. "Encik/Cik Pelanggan, saya rasa ada sesuatu yang tidak kena. Boleh saya tahu kenapa?"

3. "Encik/Cik Pelanggan, sebelum ini semuanya tiada masalah tapi sekarang tidak. Boleh saya tahu kenapa?"

4. "Encik/Cik Pelanggan, izinkan saya berterus terang (tunggu jawapan 'ya'). Boleh saya tahu apa yang berlaku?"

Seperti biasa, apabila pelanggan berkongsi masalah, sambut baik perkongsian itu. Cth.,

"Saya menghargai..." atau "Terima kasih kerana berkongsi..."

Akan tetapi, jika pelanggan telah berkongsi segala-galanya dan menjadi terlalu emosional, kadang-kadang saya akan mencadangkan agar perbualan ini ditangguhkan. Walau bagaimanapun, saya tidak mengesyorkan cara ini jika pelanggan tersebut sukar dihubungi. Sebaliknya, saya akan membalas perasaan mereka dengan perasaan (empati yang tinggi). Jika perbualan telefon, anda boleh minta untuk bertemu pelanggan secara bersemuka (bawa tisu).

☝ Tip IV: Guna Timbal Balik

Manusia mempunyai keperluan psikologi untuk saling bertukar. Kenapa kita mengucapkan "terima kasih" apabila seseorang membantu memegangkan pintu? Apa yang anda rasa jika ada pembantu jualan memberikan sampel percuma satu produk yang lazat semasa anda sedang membeli-belah tetapi anda memutuskan untuk TIDAK membelinya? Bersalah, bukan?

Katakan seorang peminjam *hardcore* enggan membayar pinjaman perumahan kerana tidak bekerja. Jawapan yang boleh digunakan ialah:

Saya simpati mendengarnya. Terima kasih kerana memberitahu saya. Saya ingin membantu anda mempertahankan rumah anda dan mengelak daripada dikenakan tindakan undang-undang, tetapi saya perlukan kerjasama daripada anda.

Kombinasi empati tentang kisah pengangguran dengan timbal balik untuk membantunya telah membuka peluang kepada anda untuk mencari kaedah pembayaran balik.

Kita menggunakan timbal balik setiap kali kita meluangkan masa mendengar aduan pelanggan. Dengan cara ini, anda meningkatkan peluang anda untuk membuat mereka mendengar penjelasan dan cadangan anda. Jika mereka enggan, anda berhak berkata, "Encik/Cik Pelanggan, saya telah mendengar dan memahami masalah anda, jadi saya harap anda boleh melakukan perkara yang sama." Dari sudut psikologi, sukar untuk mereka menolak. Teknik ini seperti 'saya akan garu belakang awak jika awak garu belakang saya'.

Kisah Timbal Balik:

Setiap bulan, ada seorang pelanggan *hardcore* akan mengunjungi bank saya bekerja untuk membayar ansuran pinjaman dan merungut tentang caj lewat bayarnya. Kemudian, kami akan berbincang tentang caj tersebut selama setengah jam. Satu hari, saya perlu mendapatkan minuman ringan sebelum bertemu dengannya. Saya menjemputnya masuk ke pejabat dan berkata, "Sebelum kita mula, saya mahu membeli air Coke. Boleh saya dapatkan untuk anda satu?"

Dia mengangguk.

Dia mengikut saya ke pantri dan melihat saya mengeluarkan beberapa keping duit syiling dari poket saya. Matanya terbeliak seolah-olah mengatakan, "Dia belanja saya air Coke!" Saya memberikannya satu tin Coke serta gelas berisi ais. Kemudian, kami bergerak ke bilik mesyuarat. Akan tetapi, kali ini dia tidak lagi bersikap agresif. Dia senyum dan memandang saya dengan penuh kasih sayang. Perbincangan kami berakhir dengan cepat dan dia bersetuju untuk membayar SEMUA caj lewat bayar. Sejak itu, saya akan membelikannya air Coke SETIAP kali dia datang. Harga beberapa tin Coke telah menjimatkan masa, mengurangkan tekanan dan menyelamatkan rambut saya.

☝ Tip V: Sambut baik idea, penyelesaian atau cadangan pelanggan (jangan cepat menolak)

Katakan ada seorang tetamu hotel iaitu Encik X yang tidak menyukai bilik yang diberikan kepadanya dan mencadangkan supaya anda memindahkannya ke suite eksekutif tanpa bayaran tambahan. Daripada terus menolak idea mengarut itu—dan risiko pelanggan melenting—

anda boleh jawab, "Saya simpati mendengar isu bilik anda, tetapi harga suite eksekutif adalah tiga kali ganda lebih mahal. Boleh saya tahu masalah anda dengan bilik anda?"

Walaupun anda menolak cadangannya, anda telah menunjukkan empati dan memberikannya alasan mengapa permintaan itu tidak munasabah. Akhir sekali, anda menunjukkan minat untuk menyelesaikan sebarang masalah berkaitan dengan biliknya.

Akan tetapi, apa yang perlu anda lakukan jika dia menolak cadangan alternatif anda dan berkeras dengan cadangan asal?

Jawapan: **Guna akal budi (*common sense*).**

> Cth., "Cuba En. X letakkan diri di tempat saya (kemudian jelaskan mengapa cadangan mereka tidak sesuai)."

Bagaimana jika dia masih berkeras?

Jawapan: **Guna konsep kesamarataan**. Cara ini berkesan kerana manusia mempunyai keperluan psikologi untuk hidup di dunia yang adil (walaupun sebenarnya tidak).

> Cth., "Saya minta maaf Encik X, tetapi ini tidak adil kepada tetamu suite eksekutif kami yang telah membayar tiga kali ganda lebih mahal."

Semasa menolak cadangan mengarut pelanggan, anda perlu tahu bahawa cadangan itu disertai dengan perasaan ego. Bagaimana anda mengumpulkan keberanian untuk meluahkan perasaan kepada seseorang? Apa yang anda rasa jika dia menolak mentah-mentah? Atau lebih teruk lagi, apa yang anda rasa jika dia KETAWAKAN anda? Teruk kan! Oleh itu alu-alukan idea dan cadangan mengarut pelanggan; kemudian, tolak dengan sopan.

Mari kita gunakan contoh: menolak janji temu pertama:

> Cth., "terima kasih kerana menjemput saya menonton wayang tetapi saya minta maaf kerana saya perlu mengulang kaji pelajaran pada malam tersebut dan malam-malam berikutnya. Apa kata… (berikan alternatif)."

Nota: Dalam bab seterusnya kita akan membincangkan tentang teknik USS iaitu cara berkata "tidak" dan menyampaikan berita buruk secara sopan tanpa membuat pelanggan melenting.

☝ Tip VI: Guna contoh (cerita) positif atau negatif

Mari kita gunakan contoh pesakit kanser yang lepas di mana anda perlu menunjukkan empati dengan berkongsi satu contoh positif tentang apa yang dirasainya:

> Cth., "Saya simpati mendengarnya. Saya hanya mampu membayangkan apa yang anda rasa. Tetapi Encik/Cik Pesakit X, saya pernah mempunyai seorang pesakit bernama Encik/Cik Pesakit Y. Dia mempunyai diagnosis yang sama seperti anda. Tetapi selepas menjalani rawatan, dia dapat… (pengakhiran positif)."

Nota: Jika saya perlu merahsiakan nama pesakit dan pelanggan lain, saya akan menggunakan nama samaran tetapi mengekalkan ketulenan cerita tersebut.

Mari kita gunakan contoh negatif seorang penghutang *hardcore* (Encik X) yang enggan membayar hutang kerana jumlah yang kecil. Dia berpendapat bahawa organisasi anda tidak akan menyaman kerana jumlah yang sebegitu kecil.

> Cth., "Saya menghargai kejujuran anda. Tetapi Encik X, saya ada seorang pelanggan bernama Encik Y. Dia juga fikir perkara yang sama sehinggalah kami melaporkannya kepada… (pengakhiran negatif). Saya syorkan anda tidak melakukan kesilapan yang sama seperti Encik Y dan selesaikan jumlah kecil itu hari ini. Tak berbaloi merana kerana RM____."

Nota: "Tak berbaloi merana kerana RM___" adalah **menggunakan akal budi**. Secara sopannya anda memberitahu, "Jangan jadi bodoh."

☝ Tip VII: Tamatkan interaksi dengan merujuk kepada masalah peribadi pelanggan

Saya sering menamatkan panggilan atau mesyuarat dengan penutup peribadi berbanding penutup umum seperti "Terima kasih dan selamat tinggal". Saya menamatkannya dengan merujuk kepada masalah peribadi pelanggan, "Saya minta maaf sekali lagi tentang (masalah peribadi), tetapi saya doakan yang terbaik untuk anda. Selamat tinggal."

Jenis 2: Tak Pernah Puas Hati:

Sesetengah pelanggan adalah *hardcore* secara semula jadi dan menetapkan harapan yang tidak realistik. Sifat ini adalah sebahagian daripada personaliti mereka. Mereka membuatkan saya terfikir apakah latar belakang keluarga atau pengalaman hidup yang menjadikan mereka begini? Pelanggan ini biasanya kaya, berkeyakinan dan mempunyai ego yang tinggi.

5 tips untuk pelanggan yang 'Tak Pernah Puas Hati':

☝ Tip I: **Sambut baik rungutan pelanggan walaupun mengarut.**

> Cth., "Terima kasih atas maklum balas tersebut." Atau, " Encik/Cik X betul tentang perkara tersebut."

Orang yang ego suka mengajar orang lain. Akan tetapi, mereka tidak suka diajar atau dibuktikan salah! Oleh itu, berikan apa yang mereka mahu: hormat. Ayat yang sesuai ialah, "Itu idea yang bagus." Jangan sekali-kali mengkritik idea mereka atau mereka akan tersinggung. Sebaliknya, cakap sahaja, "Itu idea yang menarik" apabila mereka menyampaikan idea yang tidak bernas.

☝ Tip II: **Beri pujian.**

Mulakan perbualan dengan pujian untuk mencipta suasana yang positif.

> Cth., "Terima kasih Encik/Cik X kerana menjadi pelanggan kami sejak... Sekarang... (berikan penyelesaian anda)."

Di Amerika, kami memanggilnya *buttering them up*. Mudah-mudahan, peluang anda untuk membuat mereka dengar dan terima penyelesaian anda semakin cerah selepas anda membodeknya.

☞ Tip III: Guna kata-kata positif atau negatif yang kuat

Guna perkataan positif dan berkepentingan diri seperti: "menang", "untung", "lindung", "kekal", "naik taraf" dan "simpan"
atau,

Guna perkataan negatif dan berkepentingan diri seperti: "rugi" dan "turun taraf".

Pakar psikologi mendapati bahawa otak manusia bertindak balas dua kali lebih kuat terhadap perkataan "rugi" berbanding perkataan "untung". Kita lebih mengingati ikan besar yang kita terlepas berbanding ikan bersaiz biasa atau kecil yang kita tangkap. Manusia sentiasa berada dalam keadaan tidak puas hati. Kita tidak akan pernah merasa cukup. Di Singapura, ketakutan pada kekalahan dipanggil "kiasu" dan ia dikatakan pendorong masyarakat di sana untuk bersaing.

> Cth., "Encik/Cik Pelanggan, saya tidak mahu anda **rugi** (terangkan kerugian dan kesannya). Jadi anda perlu (berikan penyelesaian anda)."

Orang yang kuat kemahuan berkeyakinan tinggi. Mereka tahu apa yang mereka mahu. Oleh itu, anda perlu bercakap dengan nada yakin. Jika mereka dapat merasakan kelemahan, mereka akan meminta untuk bercakap dengan orang lain.

Pelanggan yang berkeyakinan tidak akan tersinggung dengan kakitangan perkhidmatan yang hormat dan yakin. Malah, mereka akan berasa lega apabila mendapat seseorang yang sama seperti mereka.

☝ Tip IV: **Beri pelanggan sedikit kuasa dengan BYAF**

Pelanggan yang Tak Pernah Puas Hati tidak suka diberitahu apa yang perlu dilakukan. Sebaliknya, berikan mereka pilihan BYAF (*But-You-Are-Free*). Teknik ini berkesan kerana anda memberikan mereka peluang untuk membuat keputusan selepas mendengar penyelesaian daripada anda. Saya sering menggunakannya dengan penghutang *hardcore*. Mula-mula, saya akan beritahu mereka sebab mereka perlu membayar RM X kerana saya ingin membantu mereka mengelak daripada kesan negatif. Akhir sekali, saya menggunakan BYAF:

Cth.,:

- o "Tetapi keputusan akhir terletak di tangan anda"

- o "Tetapi pilihan terletak di tangan anda"

Ibu bapa kerap menggunakan BYAF. Katakan anak anda mahu makan makanan ringan. Daripada berkata, "Tidak." Anda boleh kata, "Kamu tahu makanan itu tidak baik untuk kamu, dan kamu sedang cuba menurunkan berat badan, tetapi keputusan akhir terletak di tangan kamu."

☝ Tip V: Guna teknik tai chi.

Seperti teknik BYAF, tai chi juga memberi pelanggan sedikit kuasa dengan cara meminta penyelesaian daripada mereka.

Cth.,:

O   "Pada pendapat Encik/Cik Pelanggan, apakah penyelesaian terbaik?" atau,

O   "Untuk menyelesaikan perkara ini, apakah yang boleh memusaskan hati Encik/Cik Pelanggan?"

Pelanggan tidak akan membantah idea mereka sendiri. Jika saya sedang berurusan dengan seorang penghutang *hardcore*, saya akan cakap, "Jadi Encik/Cik Pelanggan, apakah cadangan anda untuk mengemas kini akaun anda?"

Pesanan tentang pelanggan yang 'Tak Pernah Puas Hati'.

Sesetengah kakitangan perkhidmatan percaya bahawa 'semua pelanggan adalah baik, dan kita mesti menggembirakan mereka dengan produk dan perkhidmatan syarikat kita'. Akan tetapi, saya tidak bersetuju melainkan anda menambah perkataan "yang menguntungkan" selepas perkataan "pelanggan".

Pelanggan yang menguntungkan membantu perniagaan dan membayar gaji kita. Namun begitu, sesetengah pelanggan tidak akan pernah berpuas hati walaupun sebaik mana layanan anda. Sama seperti isteri saya. Tidak kira kami makan di restoran yang murah atau mahal, tidak kira betapa lazatnya makanan itu, dia tetap akan mencari kesalahan. Boleh jadi makanan terlalu masin, restoran terlalu bising atau harga terlalu mahal. Sama juga seperti pengkritik filem yang tidak pernah memberi 5 bintang kerana mereka tidak mahu mengatakan filem itu sempurna memandangkan tiada perkara yang sempurna di dunia ini.

Bagi menentukan sama ada pelanggan itu menguntungkan atau tidak, anda perlu melihat faktor selain wang seperti masa dan kesukaran melayan mereka. Jika dilihat secara menyeluruh, melayan 'Si Tak Pernah Puas Hati' tidak menguntungkan dan kehilangan mereka adalah lebih baik kepada syarikat. Mempunyai terlalu ramai 'Si Tak Pernah Puas Hati' yang tidak menguntungkan boleh menyebabkan syarikat rugi.

Ahereen Lee, Pengurus Besar Pusat Panggilan U Mobile mengesyorkan 'Si Tak Pernah Puas Hati' dan tidak menguntungkan untuk ditunjukkan jalan keluar.

Walaupun pelanggan ini mungkin mengatakan bahawa mereka tidak pernah berpuas hati dengan organisasi anda, anda akan pelik melihat kesetiaan mereka dengan organisasi anda. Biasanya pelanggan yang Tak Pernah Puas Hati akan berubah menjadi Sentiasa Puas Hati apabila anda mula memahami mereka. Biarpun organisasi anda tidak sempurna, 'Si Tak Pernah Puas Hati' sudah cukup selesa dengan produk, perkhidmatan, pekerja dan proses organisasi anda sehingga menyebabkan mereka setia sebagai pelanggan.

Jenis 3: "Sudah Tak Peduli"

Daripada ketiga-tiga jenis pelanggan (Masalah Peribadi, 'Tak Pernah Puas Hati' dan Sudah Tak Peduli), pelanggan yang Sudah Tak Peduli paling sukar untuk dikendalikan kerana mereka mempunyai pengalaman buruk sama ada dengan anda, pasukan anda, organisasi anda atau kehidupan sehingga menyebabkan mereka berputus asa. Biasanya mereka sudah tidak marah. Mungkin mereka pernah marah, tetapi isu mereka tidak diselesaikan dan kini isu-isu kecil itu telah menjadi masalah besar. Mereka juga sudah penat untuk menerangkan dan merungut semula.

Terdapat dua jenis pelanggan yang Sudah Tak Peduli:

I. Sudah Tak Peduli yang benar-benar tak peduli.

Untuk pelanggan seperti ini, saya akan menunjukkan empati yang mendalam (ayat penghubung) dan cuba memahami isu mereka yang lepas serta menawarkan diri untuk menyelesaikannya. Akan tetapi, jika mereka sudah benar-benar putus asa, tidak banyak yang boleh saya lakukan untuk memenangi semula hati mereka kerana peluang itu sudah lama hilang. Saya akan segera menamatkan interaksi untuk menjimatkan masa. Biasanya saya akan mengakhiri dengan, "Saya minta maaf sekali lagi, tetapi jika anda berubah fikiran, sila hubungi... Terima kasih kerana pernah memilih kami dan selamat tinggal."

II. Sudah Tak Peduli yang sebenarnya peduli tetapi cuma mahukan perhatian

Pelanggan ini mungkin tidak mendapat perhatian sewajarnya dan mengugut untuk beralih ke pesaing anda. Seperti yang telah kita bincangkan dalam Bab 1, berikan pelanggan apa yang mereka mahu. Jika mereka mahukan perhatian, berikannya kepada mereka. Untuk pelanggan seperti ini, minta maaf dan nyatakan keyakinan bahawa anda akan menyelesaikan masalah mereka. Ia mungkin mengambil masa yang panjang, tetapi anda perlu mendapatkan semula kepercayaan mereka kepada anda dan organisasi anda. Anda mesti menunjukkan bahawa anda peduli.

☞ **Tip:** Anda perlu menyiasat bagi menentukan jenis pelanggan yang "Sudah Tak Peduli" yang anda ada. Pelanggan yang sebenarnya peduli lebih banyak bercakap dan lebih mudah berkongsi perasaan negatif mereka berbanding pelanggan yang benar-benar tak peduli dan sudah berputus asa. Ia seperti dalam filem Bollywood—apabila watak utama wanita memberitahu bahawa dia tidak lagi mencintai watak utama lelaki. Lelaki itu terus memberikannya perhatian dengan memberitahu betapa dia menyayanginya dan betapa keluarganya sukakan wanita itu. Kemudian, dia menunggu reaksi wanita itu. Anda boleh agak jika wanita itu hanya mencari perhatian—dan masih mencintai lelaki itu—maka adegan tari-menari pun bermula. Tiada tarian? Maksudnya wanita itu benar-benar tak peduli. Lelaki itu telah kehilangannya.

Ringkasan Bab:

- Harapan pelanggan semakin meningkat. Suatu hari nanti, mereka mungkin akan mengharapkan perkhidmatan yang sempurna. Oleh itu, bersiap sedialah untuk menerima lebih ramai pelanggan *hardcore*.

- Kebanyakan pelanggan menjadi *hardcore* kerana tiga sebab utama:

  1. Masalah peribadi (Masa, Wang, Cinta, Kesihatan).
  2. Personaliti (sifat semula jadi).
  3. Sudah Tak Peduli (ada dua jenis). Siasat untuk menentukan jenis yang betul.

- Ayat penghubung menunjukkan empati yang mendalam. Ia berfungsi sebagai jambatan yang menghubungkan hati anda dan hati pelanggan. Ayat penghubung menenangkan pelanggan *hardcore* apabila perkataan "maaf" sahaja tidak mencukupi.

*

Kita telah melihat bagaimana kita, organisasi kita dan pelanggan sendiri boleh menjadi *hardcore*. Sekarang, mari kita lihat beberapa model utama pemulihan perkhidmatan untuk mengendalikan pelanggan yang mencabar.

Bahagian II:

Model Utama Pemulihan Perkhidmatan

Bab 4

Model Utama Pemulihan Perkhidmatan

Kata-kata adalah ubat paling mujarab digunakan oleh manusia.

—Rudyard Kipling, penulis British

Bab ini mengandungi beberapa model kegemaran saya untuk menangani pelanggan yang mencabar. Model-model ini sesuai digunakan untuk komunikasi melalui telefon dan bersemuka, kecuali model 3PS untuk komunikasi bertulis (mesej, chat, IM, e-mel, surat).

Sebelum kita melihat model-model tersebut, mari kita bincangkan tentang kemarahan.

Marah dan Otak

Pelanggan *hardcore* biasanya marah. Matlamat anda adalah untuk menenangkan otak pelanggan yang sedang marah, melindungi organisasi (dan diri anda) dan menyelesaikan masalah mereka untuk menjaga hubungan. Benar ungkapan, kemarahan berpunca daripada kesakitan.

Sebahagian daripada proses untuk menenangkan orang yang sedang marah ialah mencari punca kemarahan. Sebaik sahaja anda menemuinya dan memberitahu mereka, kebanyakan pelanggan akan berasa tenang kerana anda menunjukkan pemahaman dan berhubung secara 3D dengan mereka. Apabila perasaan seseorang diberi perhatian, otak mereka perlahan-lahan bergerak dari bahagian yang menyakitkan dan emosional ke bahagian yang logik dan rasional di mana penyelesaian boleh diterangkan dan dipilih.

Kebanyakan aduan pelanggan adalah munasabah, manakala selebihnya tidak. Ada yang disampaikan secara rasional dan tenang. Ada yang disampaikan secara tidak rasional dan marah-marah. Ada juga yang mempunyai campuran kedua-duanya. Kesakitan mereka terselindung di sebalik aduan—jika tidak, mereka tidak akan menghubungi anda.

Malangnya, kakitangan perkhidmatan kerap menyelesaikan masalah 'faktual' secara tergesa-gesa dan mengabaikan masalah 'emosional' pelanggan. Kita lebih menumpukan kepada aduan berbanding pengadu. Hal ini menyebabkan kita segera memberi penyelesaian dan membuat pelanggan bertambah marah kerana mereka merasakan kita masih belum faham.

Dan kita memang belum faham.

Otak yang sedang marah sarat dengan hormon kortisol. Anda tidak boleh terus menyampaikan penyelesaian logik dan mengharapkan otak mereka segera kembali ke keadaan rasional. Sebaliknya, gangguan daripada anda boleh menyebabkan otak yang sedang marah 'meletup' kerana anda telah mengganggu rutinnya. Oleh itu, anda perlu memberikan masa kepada otak mereka untuk menurunkan kadar hormon kortisol. Biar saya tunjukkan.

Bentuk apakah ini?

Bulat?

Kebanyakan daripada kita akan segera menyambungkan garisan itu dan menjawab, "Bulat." Akan tetapi, ia hanyalah corak membulat. Otak manusia direka untuk segera menyelesaikan sesuatu masalah supaya kita boleh beralih ke masalah seterusnya. Hal ini akan membuat otak yang sedang marah bertambah marah. Kita perlu memberikan masa untuk menunjukkan kepada pelanggan bahawa kita benar-benar memahami masalah mereka. Kita juga perlu mengakui dan memahami emosi mereka terlebih dahulu sebelum mereka bersedia menerima penyelesaian kita.

Biasanya, anda akan mendapati bahawa aduan faktual pelanggan adalah kurang penting berbanding perasaan yang menyelubungi aduan tersebut.

Orang yang sedang marah mempunyai dua kehendak:

1. Untuk difahami dari segi **Bagaimana** mereka rasa (emosi) dan **Apa** (fakta) yang menyebabkannya.

2. Untuk mendapat penyelesaian bagi menamatkan penderitaan mereka.

Beberapa tahun yang lalu, saya telah mendengar seorang penebang kayu menerangkan cara untuk menebang pokok. Saya ingat dia akan menonjolkan kemahirannya sebagai faktor yang paling penting, tetapi tidak.

Faktor kejayaannya ialah:

60% kerana dia mengikut "hukum alam", iaitu graviti.

30% kerana kemahiran.

10% kerana tuah.

Mengendalikan pelanggan *hardcore* dengan jayanya juga mempunyai peratusan yang sama. Anda tidak boleh mengawal pelanggan yang sedang mengamuk—atau pokok besar yang sedang tumbang—tetapi anda boleh menggabungkan kemahiran anda dengan kuasa semula jadi untuk mengawal pokok itu mengikut apa yang anda mahu. Dalam komunikasi, kita mempunyai tiga faktor semula jadi: **masa, empati dan kepentingan diri pelanggan**. Saya mendapat hasil yang lebih baik apabila saya menggunakan gabungan ini pada pelanggan *hardcore*. Mula-mula, anda perlu menggunakan masa dan empati untuk menenangkan pelanggan dan mengembalikan otak mereka ke keadaan yang rasional, bekerjasama, menyelesaikan masalah dan mengutamakan kepentingan diri sendiri.

Untuk mudah diingati, saya telah mencipta Formula Kegembiraan Pelanggan untuk menghasilkan pelanggan yang positif (atau sekurang-kurangnya neutral):

Formula Kegembiraan Pelanggan

Masa + Empati ditunjukkan untuk menenangkan pelanggan sehingga fungsi otaknya diambil alih oleh fikiran yang logik dan mementingkan diri sendiri. Kaedah ini dapat meningkatkan peluang anda untuk mendapat hasil yang positif. Untuk kepentingan diri, saya telah menggunakan gambar Gollum[5] daripada filem Lord of the Rings yang menyayangi cincin yang dinamakannya 'Precious' melebihi segala-galanya.

Saya tidak suka melihat atau mendengar kakitangan perkhidmatan mengabaikan faktor semula jadi dan menggunakan faktor bukan semula jadi pada otak pelanggan yang sedang marah dan tidak rasional dengan cara memaksa pelanggan untuk segera menjadi rasional. Mereka mencelah menggunakan ayat mengawal seperti, "Cik, sila diam dan dengar" atau lebih teruk lagi, mereka meninggikan suara dan berkata, "Puan, sila bertenang!"

Pelanggan akan melenting dan meminta untuk bercakap dengan penyelia. Kakitangan pula akan menyalahkan pelanggan semasa menyerahkan mereka kepada penyelia, "Bos, saya sudah cuba bantu, tetapi dia tidak mahu dengar." Pelanggan tidak mendengar kerana kakitangan itu tidak meluangkan masa untuk mendengar terlebih dahulu. Perkataan lain untuk 'masa' ialah 'perhatian' atau '

---

[5] Photo credit: https://lotr.fandom.com/wiki/Gollum

pengiktirafan'. Apabila seseorang mempunyai masalah, mereka mahukan masa, perhatian atau pengiktirafan daripada orang lain.

Anda tidak boleh menenangkan lembu yang sedang mengamuk dengan memprovokasinya. Anda menenangkannya dengan menggunakan faktor semula jadi haiwan itu sehingga ia bersedia untuk bertindak balas terhadap kepentingan dirinya. Melawan faktor semula jadi adalah bahaya dan abnormal. Anda juga akan terlepas butiran penting perbualan dan perasaan yang terselindung di sebalik masalah. Hal ini menyebabkan anda memberi penyelesaian yang tidak memuaskan dan mengeruhkan lagi keadaan.

Menggunakan faktor semula jadi masa dan empati menunjukkan keprihatinan dan membantu pelanggan bertenang. Ia juga membantu anda mendapatkan lebih banyak fakta bagi menawarkan penyelesaian yang lebih baik.

Kemahiran yang mewakili 30% membantu kita mengawal keadaan tetapi itu tidak menjamin apa-apa. Oleh sebab itu, tuah juga diperlukan. Saya mendapati kakitangan perkhidmatan yang paling bertuah ialah mereka yang menggunakan faktor semula jadi untuk melengkapkan kemahiran mereka.

Analogi Alaska

Semasa masih muda, saya menghabiskan masa lapang dengan memancing di sungai Alaska. Di atas sana terdapat sungai glasier yang keruh. Mengendalikan pelanggan yang sedang marah adalah seperti sungai glasier Alaska yang keruh. Jika anda mencedok sedikit air dan segera meminumnya, anda akan rasa seperti minum 'tepung batu' (habuk batu dari glasier bahagian hulu yang hancur). Akan tetapi, jika anda memberikannya masa, tepung batu itu akan mendap dan anda boleh menikmati minuman sejuk yang menyegarkan. Individu *hardcore* memerlukan masa (dan empati) untuk menenangkan diri sebelum fungsi ini diambil alih oleh kepentingan diri sendiri.

Konflik Nyata vs Tersembunyi (Overt vs. Covert)

Saya telah meluangkan masa bertahun-tahun berhubung dan berjumpa dengan orang yang sedang marah untuk meminta mereka melakukan sesuatu yang mereka tidak mahu: membayar hutang yang tertunggak. SAYA SUKA konflik (yang tidak ganas!). Konflik Nyata (Overt) menunjukkan kejujuran. Konflik yang nyata menjimatkan masa kerana saya boleh segera memahami perasaan dan isu sebenar pelanggan. Saya mengalu-alukan konflik yang nyata dengan tangan terbuka kerana sebaik sahaja saya memahami perasaan dan isu pelanggan, saya mempunyai peluang yang lebih cerah untuk menyelesaikannya.

Salah satu burung Malaysia kegemaran saya ialah Burung Tiong Gembala Kerbau. Ia seperti burung robin di Amerika Utara. Walaupun tidak cantik, tetapi mereka bijak. Apabila saya memotong rumput; burung pipit, katak, cicak dan anjing saya akan lari disebabkan bunyi bising mesin pemotong rumput. Akan tetapi, burung ini tidak. Mereka akan datang dekat apabila mendengar bunyi bising itu dan memakan serangga yang saya jumpa.

Apabila anda mendengar atau melihat konflik (yang tidak ganas!), jadilah seperti burung ini. Pergi ke arahnya. Dengar, faham dan selesaikan. Sebagai pengutip hutang, saya telah mengutip lebih banyak wang daripada pelanggan yang mempunyai konflik berbanding pelanggan yang sopan dan tenang serta tidak peduli tentang hutang mereka. Sebagai pengutip hutang, saya terbau wang setiap kali mendengar konflik.

Biar saya kongsikan contoh individu yang mendapat manfaat kerana menerima konflik. Terdapat berita khas BBC[6] tentang mendiang Florence Griffith atau 'Flo-Jo' iaitu juara pecut 100 meter Olimpik. Suami dan jurulatihnya Al Joyner, yang juga seorang juara Olimpik telah berkongsi corak latihan Flo-Jo. Semasa berlatih, Flo-Jo akan memecut di lorongnya dan Al Joyner akan berlari berhampiran dengan garisan lorong bersebelahan. Gaya larian suaminya yang agresif telah menakutkan Flo-Jo dan memperlahankan

---

[6] Flo Jo, Elaine & The 100m World Record (BBC, 2022), 23:00. https://www.bbc.co.uk/iplayer/episode/m0017hz4/flo-jo-elaine-the-100m-world-record

lariannya. Al Joyner mula mengubah cara Flo-Jo bertindak balas. Sejak itu, setiap kali ada orang berlari secara agresif di sebelahnya, tindak balas barunya ialah:

1) Tarik nafas dalam-dalam

2) Kekal tenang

3) Biarkan kakinya terus melangkah. Walau apa pun berlaku, jangan berhenti!

Di AS, kebanyakan pelanggan *hardcore* mempunyai konflik yang nyata. Akan tetapi, di Asia Tenggara kebanyakan pelanggan mempunyai konflik yang tersembunyi (Covert) kerana mereka tidak sukakan konflik. Pelanggan di Asia Tenggara pasif-agresif. Mereka mungkin nampak OK, malah bersetuju dengan penyelesaian anda, tetapi jauh di sudut hati, mereka marah dan enggan bekerjasama. Kebanyakan kakitangan perkhidmatan di Asia takut mereka akan dimarahi oleh pelanggan. Pengelakan konflik berganda ini menyebabkan kedua-dua pihak berundur apabila tercetusnya konflik.

Bagaimana untuk mengendalikan pelanggan dengan konflik nyata & tersembunyi?

Pelanggan dengan konflik yang nyata lebih mudah dikendalikan sekiranya kita menggunakan faktor semula jadi masa, empati dan kepentingan diri sendiri disamping kemahiran kita serta model pemulihan perkhidmatan. Kekal tenang—juga kekal sebagai seorang manusia—dan jangan ambil hati dengan kemarahan atau penghinaan mereka.

Dengar fakta dan perasaan isu tersebut. Masa dan empati adalah ubat paling mujarab untuk membolehkan otak yang tidak rasional menjadi tenang dan kembali kepada otak yang rasional, mementingkan diri dan bersedia menyelesaikan masalah. Jangan bertengkar, membela, melawan atau menegaskan idea anda. Hanya dengar, setuju dan tunjukkan empati. Gunakan ayat penghubung seperti 'saya juga akan rasa benda yang sama'.

Akan tetapi, pelanggan dengan konflik yang tersembunyi berbeza kerana mereka tidak memberitahu apa yang mereka mahu. Oleh itu, anda perlu mengurangkan tumpuan kepada mendengar dan lebih menumpukan kepada apa yang anda rasa berdasarkan fakta dan perasaan pelanggan. Anda perlu *Name the Game* dengan bertanya soalan dengan sopan untuk mendapatkan kebenaran.

Biar saya kongsikan tiga ayat yang saya gunakan untuk *Name the Game.*

1. "Encik/Cik Pelanggan mengatakan anda bersetuju dengan apa yang saya cadangkan, tetapi nada dan bahasa badan anda menunjukkan sebaliknya. Boleh saya tahu kenapa?"

Atau…

2. "Saya dapat rasakan Encik/Cik Pelanggan tidak menyokong sepenuhnya penyelesaian itu. Bahagian manakah yang anda risaukan?"

Nota: Apabila pelanggan dengan konflik tersembunyi berkongsi kebimbangan atau bantahan mereka, alu-alukannya. Cth., "Saya menghargai perkongsian anda."

Atau jika pelanggan enggan berkongsi, saya akan cakap…

3. "Saya rasa Encik/Cik Pelanggan maksudkan XYZ. Betul ke?"

Lakukannya sehingga anda memahami kebimbangan (ketakutan) mereka DAN mendapat komitmen mereka terhadap sesuatu penyelesaian. Jika saya meragui komitmen pelanggan, saya akan meminta pelanggan meringkaskan pelan penyelesaian dan komitmen.

Cth., "Bagi memastikan kita berdua jelas, boleh Encik/Cik Pelanggan ringkaskan pelan tindakan kita?"

Selumbar di Hati

Biasanya pelanggan menjadi cerewet kerana mereka rasa tidak dihormati atau disebabkan emosi negatif yang lain. Aduan pelanggan dengan konflik yang tersembunyi lebih sukar untuk difahami berbanding konflik yang nyata. Aduan pelanggan dengan konflik yang tersembunyi seperti selumbar di hati. Kita perlu mencari dan mengeluarkannya semasa ia masih jelas kelihatan. Jika tidak, ia akan masuk lebih dalam dan menjadi aduan yang lebih kompleks. *Name the Game* membantu kedua-dua pihak menangani masalah yang kecil.

Selumbar di hati adalah perkara biasa dalam keluarga di mana selumbar-selumbar kecil terkubur selama bertahun-tahun sehinggalah ia tiba-tiba dijumpai—dalam keadaan yang tidak menyenangkan—dan menyebabkan kesan yang teruk.

Kebolehan anda mengendalikan konflik menentukan kekuatan hubungan anda dengan pelanggan. Mengatasi konflik dapat membantu mengeratkan hubungan. Sebahagian daripada hubungan peribadi dan kerja anda terhasil kerana anda—dan orang lain—telah bersama-sama mengharungi konflik dan situasi sukar. Kakitangan perkhidmatan yang mempunyai hubungan erat dengan pelanggan, rakan sekerja, rakan sebaya dan pihak atasan adalah lebih bernilai dan akan memberi impak yang lebih besar kepada organisasi. Selain itu, mereka juga dibayar lebih tinggi! Seperti yang telah kita bincangkan sebelum ini, kemarahan dan konflik merupakan sebahagian besar daripada kehidupan seharian kita. Kita akan mendapat manfaat jika kita menerima dan menguasainya.

Kenal pasti perasaan pelanggan (pengesahan)

Aduan pelanggan disertai dengan perasaan. Kita akan segera berhubung dengan pelanggan apabila kita melabelkan perasaan itu dengan betul. Mari kita guna contoh bukan pelanggan untuk menunjukkan bahawa pengesahan boleh digunakan dalam kebanyakan situasi konflik. Bayangkan anda adalah seorang pengurus dan ahli pasukan baharu anda iaitu Tay marah kerana seorang rakan sekerjanya yang berprestasi tinggi telah memalukan dan tidak menghormatinya ketika mesyuarat.

Pengurus yang pengecut mungkin akan memberitahu Tay, "Jangan risau" atau membiarkan sahaja tingkah laku buruk itu dan berkata, "Dia memang selalu begitu." Kedua-dua respons ini tidak membicarakan tentang rasa malu ahli pasukan baharu tersebut mahupun menghalang perkara ini daripada berulang.

Pengurus yang lebih berani mungkin akan berkata:

> "Saya minta maaf kerana awak berasa malu hari ini disebabkan (nama). Saya akan bercakap dengannya tentang perkara ini supaya ia tidak berulang lagi, OK?

Perkataan yang anda gunakan serta cara anda menggunakannya (nada dan bahasa badan) menentukan kejayaan anda dengan pelanggan.

Mari kita guna satu contoh yang lain. Bayangkan seorang tetamu hotel marah kerana tiada strawberi dalam pancake sarapannya. Anda rasa apakah yang sedang dirasai oleh tetamu tersebut? Saya rasa kekecewaan. Sekarang mari kita sahkan perasaan itu.

> "Saya minta maaf membuat anda berasa kecewa kerana tiada strawberi pada hari ini. Saya akan

berbincang dengan chef dan lihat sama ada kita boleh hidangkannya untuk sarapan esok, boleh?"

Dalam kebanyakan kes, manusia akan meluahkan perasaan negatif. Ada kalanya anda perlu meneka dari nada mereka. Saya pernah beberapa membuat tekaan yang salah dan pelanggan telah memperbetulkan kesilapan saya: "Tidak, saya tak keliru. Saya rasa marah." Maka, saya akan mengulang semula perkataan 'marah' untuk menunjukkan kepada pelanggan bahawa saya telah mengesahkan perasaan itu. Tindakan mengakui perasaan boleh menenangkan seseorang.

Berikut ialah perasaan negatif yang saya ulang kepada pelanggan untuk berhubung dengan mereka:

Marah (atau sakit hati) | **Kecewa**

Apabila pelanggan mempunyai pelbagai emosi, nyatakan kesemuanya. cth.,

> "Saya tahu Encik/Cik Pelanggan sakit hati dan kecewa kerana perlu menunggu selama sepuluh minit. Saya benar-benar minta maaf tentang perkara tersebut. Bagaimana saya boleh membantu anda?"

Perkongsian tentang stres

Interaksi bersama pelanggan *hardcore* menimbulkan banyak tekanan, tetapi itu tidak bermakna anda perlu berkongsi tekanan itu dengan rakan sekerja. Berkongsi stres dengan orang lain mungkin membuatkan anda lega, tetapi tidak membantu rakan sekerja anda atau pelanggan mereka. Sama seperti COVID, stres boleh berjangkit. Oleh itu, jangan jadi penyebar stres!

Sebaliknya, berehat seketika. Kongsikan masalah anda dengan seseorang yang tidak bekerja berhadapan dengan pelanggan. Berbual dengan kawan. Berbual dengan bos. Berbual selepas waktu kerja. Melukis. Bernafas…

Model Utama Pemulihan Perkhidmatan

Sekarang, saya akan berkongsi empat model kegemaran saya untuk pelanggan yang mencabar dalam situasi yang berbeza. Pilih model yang paling sesuai dengan anda.

Model-model disusun mengikut susunan abjad:

1. **AUSE:** Digunakan untuk mengendalikan pelanggan yang sedang marah. Model saya yang paling popular.

2. **Setuju Saja:** Digunakan pada pelanggan yang agresif dan ingin 'menang'.

3. **P3S**: Digunakan untuk komunikasi bertulis.

4. **USS:** Digunakan semasa menyampaikan berita buruk atau berkata 'tidak' kepada pelanggan.

Model 1: AUSE

Ringkasan	• Saya mencipta model 3 langkah ini untuk komunikasi telefon tetapi ia juga berkesan untuk mod komunikasi lain. Ia sesuai untuk masalah yang mempunyai bayak butiran. Saya menyebutnya 'Aussie'. • Acknowledge, Understand, Solution + Empathy (Akui, Fahami, Selesaikan + Empati).

A = *Acknowledge* (Akui): Gunakan ayat ringkas untuk menunjukkan anda mendengar. Cth., "Ye ke?", "Saya faham", dsb.

U = *Understand* (Fahami): Ulang semula perasaan dan fakta aduan **DAN** sahkan. Cth.,:

> "biar saya periksa jika saya betul-betul faham apa yang anda sampaikan. Anda kecewa kerana tidak mendapat Produk X tetapi mendapat Produk Y dan anda mahu produk itu digantikan dengan Produk X. Anda juga memerlukannya selewat-lewatnya hari Isnin. **Betul ke?"**

S = *Solve* (Selesaikan): Selesaikan masalah dengan yakin **DAN** dapatkan persetujuan. Cth.,:

> "Saya akan segera menghantar dua kotak Produk X dan sekotak lagi sebagai hadiah percuma, tetapi saya minta maaf kerana paling awal anda boleh menerimanya ialah pada hari Selasa kerana sekarang sudah pukul 5:00 petang. **Boleh?"**

E = *Empathize* **(Empati).** Saya sering menunjukkan empati pada peringkat awal perbualan. Akan tetapi, ia juga boleh ditunjukkan sepanjang model berlangsung. Perkataan yang saya gunakan ialah "maaf". Jika tidak berkesan, saya akan menggunakan ayat penghubung.

Gambar rajah di bawah mengingatkan saya pada carta mata dan memudahkannya untuk diingati. Matlamat AUSE adalah untuk merasionalkan otak pelanggan supaya mereka bersedia untuk menyelesaikan masalah.

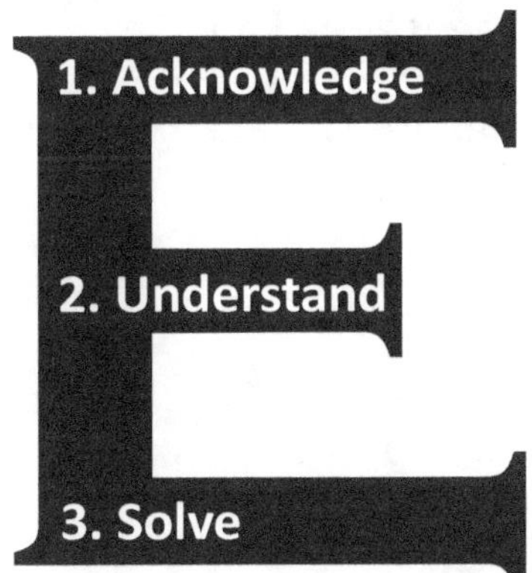

Langkah 1: A = tip untuk *Acknowledge* (Akui)

Sebelum menyelesaikan isu pelanggan, anda perlulah mengakui perasaan dan fakta isu tersebut. Pelanggan akan berasa kecewa jika anda meninggalkan langkah ini atau mencelah untuk memberikan penyelesaian pantas. Semasa di '*Acknowledge*', tumpuan anda adalah pada pelanggan— bukan pada masalah atau penyelesaian. Biarkan pelanggan yang sedang marah mengawal keadaan agar mereka melihat anda sebagai seorang 'kawan' (atau sekurang-kurangnya 'rakan kongsi'), dan bukan sebagai seorang musuh. Selain itu, gunakan faktor semulajadi masa dan empati.

Seseorang yang sakit hati mempunyai kisah terpendam yang PERLU diluahkan. Untuk menjaga hubungan dan menjimatkan masa, anda mesti mendengar kisah tersebut—ada kalanya berulang kali. Kesakitan memerlukan masa untuk sembuh. Dengan memberikan masa kepada pelanggan, anda menunjukkan bahawa anda berminat. Mendengar membantu anda mendapat petunjuk tentang kesakitan pelanggan dan kata kunci (perasaan dan fakta) untuk digunakan kemudian. Dengar dengan penuh rasa ingin tahu, tanpa menghakimi atau menyelesaikan.

Semasa di '*Acknowledge*' saya menggunakan ayat ringkas untuk menunjukkan bahawa saya mendengar.

Antaranya ialah:

- "Ye ke!"
- "Saya faham."
- "Betul ke?"
- "Saya tidak sangka perkara tersebut boleh berlaku kepada anda."
- "Saya pun akan rasa begitu."
- "Teruknya."
- "Alamak!"

Untuk pertemuan bersemuka, anda mesti menunjukkan bahawa anda mendengar dan peduli dengan mengangguk, menggunakan mimik muka, mengekalkan hubungan mata atau mana-mana isyarat lain.

Nota: Jika kesakitan itu terlalu mendalam dan penyelesaian tidak diperlukan dengan segera, saya akan mencadangkan kepada pelanggan untuk meneruskan perbualan di lain waktu apabila mereka lebih tenang.

Pelanggan meninggikan suara apabila mereka merasakan bahawa anda tidak mendengar atau peduli. *Acknowledgment* menunjukkan kedua-duanya. Saya tidak bermaksud kakitangan yang menjawab, "ya, ya, ya" dan berpura-pura seperti mendengar sedangkan mereka hanya menunggu pelanggan selesai supaya mereka boleh menawarkan penyelesaian. Cara ini bukan mendengar; tetapi menunggu (juga dipanggil '*reloading*').

Otak manusia hanya menjana kuasa 12 watt seperti sebiji mentol lampu yang malap. Otak kita lebih kepada sebuah *spotlight* berbanding *wide-beam searchlight*. Oleh itu, kita perlulah menumpukan kuasa kita yang terhad kepada pelanggan dan masalahnya SAHAJA.

Setelah pelanggan selesai, pergi ke langkah seterusnya: *Understand* (Fahami).

Langkah 2: U = tip *Understand & Confirm* (Fahami dan Sahkan)

Langkah ini mungkin langkah yang paling penting kerana jika anda tidak melakukannya dengan betul, ia akan menyemarakkan semula kemarahan pelanggan. Saya akan mengulang dan mengesahkan perasaan serta fakta isu pelanggan bagi menunjukkan kefahaman.

Untuk perbualan telefon, biasanya saya akan kata, "Biar saya periksa jika saya betul-betul faham apa yang anda sampaikan, (saya akan mengulang semula perasaan dan fakta pelanggan yang sedang marah itu), **betul**?"

> Cth., "Biar saya periksa jika saya betul-betul faham apa yang Encik/Cik Pelanggan sampaikan. Anda marah kerana jurujual kami tidak bertemu dengan anda pada pukul 1:00 petang hari ini, **betul?**"

> ☞ Tip: Kebanyakan kakitangan akan mengulang semula atau meringkaskan fakta masalah, tetapi mereka terlupa untuk mengulang semula perasaan. Hal ini merosakkan hubungan mereka dengan pelanggan. Pelanggan mungkin salah tentang fakta, tetapi mereka tidak pernah salah tentang perasaan mereka.

Pelanggan akan mendengar dengan teliti apa yang anda sampaikan apabila anda mengulang semula kata-kata mereka. Ia merupakan kaedah yang berkesan untuk meredakan kemarahan, membina hubungan dan memahami masalah. Saya telah tinggal dan mengembara ke 40 negara. Saya boleh bercakap sedikit bahasa Perancis, Melayu dan Poland. Apabila saya melancong ke luar negara dan bercakap beberapa patah perkataan dalam bahasa tempatan, saya rasa akrab dengan orang ramai seolah-olah kami menggunakan voltan yang sama. Hal ini sama seperti mengulang semula perasaan dan fakta pelanggan.

Ada kakitangan perkhidmatan memberitahu saya, "Steve, pelanggan tak suka bila saya ulang apa yang mereka katakan. Saya kedengaran seperti seekor burung kakak tua."

Saya tidak setuju.

Pelanggan akan berasa lega jika anda meluangkan masa untuk memahami perasaan dan fakta serta meminta pengesahan. Memahami perasaan dan fakta sesuatu isu boleh menenangkan pelanggan. Anda juga membuat mereka yakin dengan kemahiran penyelesaian masalah anda. Apa yang anda rasa apabila ada orang meluangkan masa untuk MENUNJUKKAN bahawa mereka memahami perasaan dan fakta anda, kemudian meminta pengesahan: **"Betul?"**

Rasa seronok!

Kenapa? Kerana otak anda menerima hormon dopamin. Anda juga akan rasa lebih rapat dengan orang yang membantu anda mendapatkan hormon itu. Akan tetapi, berapa kerapkah orang meluangkan masa untuk BENAR-BENAR memahami perasaan dan masalah anda? Jarang sekali. Memahami akan memberi kejutan yang menyeronokkan kepada seseorang. Apabila saya melakukannya, saya akan mendengar pelanggan menghembuskan nafas dengan lega dan berkata, "Steve, awak adalah orang pertama dalam syarikat awak yang meluangkan masa untuk memahami masalah saya."

Anda boleh tahu seseorang sedang dilamun cinta melalui kata-kata, nada dan bahasa badan mereka. Mereka mendengar setiap perkataan yang diucapkan (atau tidak diucapkan) oleh pasangan mereka. Mereka memberi 100% perhatian kepada bahasa badan. Mereka juga akan mengulang semula kata-kata yang penting. Mereka berkomunikasi secara 3D atau mungkin 4D! Waktu itu tiada lagi robot, mesin atau orang Mesir purba.

Mengakui dan memahami membawa kepada langkah terakhir: *Solve* (Selesaikan). Jika anda telah meluangkan masa untuk melakukan dua langkah awal AUSE dengan baik, kebanyakan pelanggan akan meminta maaf atas keterlanjuran mereka. Mengakui serta memahami perasaan dan fakta adalah bahagian yang sukar dalam AUSE kerana mentakrifkan masalah biasanya lebih kompleks daripada menyelesaikannya.

&Tip: Ulang semula sikap yang positif, bukan sikap negatif. Cth., Pelanggan berkata, "Saya enggan berurusan dengan syarikat kamu lagi kerana kamu hanya menghantar lapan widget dan bukan sepuluh."

Jawapan saya, "Saya minta maaf Encik. Saya tahu anda kecewa kerana menerima hanya lapan widget dan bukan sepuluh, bukan?" [Jangan ulang semula penyataan negatif "Saya enggan..." kerana anda hanya akan membuat pelanggan yang cerewet bertambah cerewet. Ambil sikap yang positif sahaja].

Langkah 3: S = tip *Solve* (Selesaikan)

Pada peringkat ini, anda akan mengawal semula keadaan dan mendapatkan lebih banyak butiran masalah bagi memenuhi keperluan kepentingan diri pelanggan. Kemukakan penyelesaian anda dengan yakin. Saya menggunakan perkataan: "Saya akan..." berbanding "Saya akan cuba menyelesaikan..." atau "Kami akan..."

Tip lain pada peringkat *Solve* ialah mendapatkan persetujuan kepada penyelesaian dengan berkata, "Boleh?" atau "Adakah anda OK dengannya?" dan yang sewaktu dengannya.

Jika pelanggan tidak percayakan anda kerana ada orang telah menjanjikan perkara yang sama tetapi tidak menyelesaikannya, ayat yang saya gunakan ialah, "Encik/Cik Pelanggan, **saya jamin**..."

> S: Apa yang perlu anda lakukan jika masalah lain tiba-tiba muncul?
>
> J: Ulang semula model AUSE dan ikut ketiga-tiga langkah ini.

1. Akui apa yang diberitahu pelanggan.

2. Fahami perasaan dan fakta + sahkan.

3. Selesaikan.

Berikut ialah perkataan dan frasa yang sesuai digunakan pada peringkat '*Solve*':

Perkataan yang sesuai di *SOLVE*	Komen
"Kebimbangan", "isu", "perkara", "situasi"	Untuk mengurangkan kemarahan pelanggan, saya mengelak daripada menggunakan perkataan "masalah" kerana ia mempunyai maksud yang negatif
"Mudah"	Perkataan yang semua orang suka. Cth., "Mudah sahaja untuk saya selesaikan isu ini. Saya akan… selewat-lewatnya pada (tarikh) dan anda akan… , boleh?"
"Tolong"	Perkataan yang sesuai digunakan pada orang yang sedang marah. Bayangkan seorang pelanggan lemas dalam lautan aduannya. Perkataan apa yang dia akan jerit?
"Boleh?", "Apa pendapat anda?"	Dapatkan persetujuan terhadap penyelesaian yang anda syorkan.

☞ **Tip tambahan *Solve*:**

- Jangan abai atau tinggalkan langkah penyelesaian. Saya sering mendengar kakitangan mengakui masalah pelanggan, malah menunjukkan pemahaman dan empati, kemudian menukar subjek untuk mengelak daripada penyelesaian. Pelanggan akan melenting semula. Ia mengingatkan saya kepada seorang doktor yang sibuk dan hanya berkata, "Awak tiada apa-apa masalah yang serius. Jururawat, panggil pesakit seterusnya." Apabila pelanggan mengadu mereka 'sakit', anda perlu menyembuhkan kesakitan itu dengan cara menyelesaikannya. Seperti dalam cerita singa tertusuk duri, anda perlu mencabut duri itu. Jangan abaikan kerana jika tidak ia akan menyukarkan orang lain.

- Elakkan daripada mengguna gaya penerangan seperti 'cikgu sekolah'. Jika anda ingin mengajar pelanggan tentang proses yang betul, lakukan dengan sopan. Jangan bercakap seperti seorang cikgu kerana kita semua mempunyai pengalaman pahit di sekolah dan tidak suka diajar—tetapi kita suka diberitahu. Sampaikan penyelesaian seperti bercakap dengan orang dewasa. Bukan seperti seorang cikgu mengajar murid yang lembab.

- 'Tai chi' sesuai digunakan di sini. Biar pelanggan memberikan penyelesaian. Cth., "Apa cadangan anda untuk menyelesaikan perkara ini?" Atau "Apakah cadangan anda sebagai langkah seterusnya?" Teknik ini melibatkan pihak lain dan membawa kepada penyelesaian yang lebih baik dan lebih diikuti.

- Terima hakikat bahawa anda tidak boleh menyelesaikan semua masalah. Walau bagaimanapun, ada kalanya mengakui, memahami, dan empati sudah mencukupi dan menyelesaikan kebanyakan masalah.

- Anda perlu menerangkan pilihan penyelesaian serta kebaikan dan keburukan setiap satu apabila melibatkan isu rumit yang tidak dapat diselesaikan dengan penyelesaian mudah. Perkataan "pilihan" ialah perkataan yang bagus kerana ia memberikan pilihan kepada pelanggan. Siapa yang tidak suka memilih? Apabila pelanggan memilih penyelesaian terbaik untuk mereka, ia meningkatkan komitmen dan kebarangkalian penyelesaian itu akan dilaksanakan.

- Hati-hati dengan perkataan "sahaja" kerana ia mengehadkan pilihan dan menyempitkan pemikiran kreatif. Ia juga boleh ditafsirkan sebagai satu ancaman. Cth., "Encik/Cik Pelanggan hanya ada satu cara sahaja untuk…" atau "Terdapat dua pilihan sahaja yang boleh anda…"

E = *Empathize* (Empati)

Model AUSE akan gagal tanpa empati. Empati adalah sebahagian daripada keseluruhan proses dan bukan satu langkah yang berasingan. Saya sering menggunakan empati pada langkah '*Acknowledge*' semasa pelanggan berada di tahap paling membara. Empati menunjukkan keprihatinan. Perkataan kegemaran saya ialah "**maaf**." Biasanya saya akan menamatkan perbualan dengan penuh empati. "Saya minta maaf sekali lagi Tuan/Puan Pelanggan tentang isu ini. Terima kasih."

> … pengguna yang mempunyai aduan mahukan lebih daripada bayaran balik. Hanya 43% berpuas hati dengan penyelesaian kewangan; 50% menyukai penyelesaian yang melibatkan empati, permohonan maaf dan lain-lain yang tidak melibatkan wang; dan 60% berpuas hati apabila menerima kedua-duanya.[7]

> ☝ Tip: Jika anda seorang penyelia dan pelanggan enggan bercakap dengan ahli pasukan anda, cuba teka apakah perkataan yang mereka harapkan

---

[7] Ann-Marie Alcantara, "Customer Complaints, and Their Ways of Complaining, are on the Rise," Wall Street Journal, June 14, 2020, https://www.wsj.com/articles/customer-complaints-and-their-ways-of-complaining-are-on-the-rise-11591998939 (Diakses pada 7 Januari, 2021)

daripada anda? Disebabkan salah seorang ahli pasukan anda tidak menunjukkan empati, anda kini perlu melakukannya. Beritahu pasukan anda bahawa tidak salah meminta "maaf".

Menunjukkan empati umpama mencurahkan air ke atas api. Sukar untuk kekal marah apabila mendengarnya. Sesetengah kakitangan perkhidmatan memberitahu, "Steve, saya tak suka meminta 'maaf' kerana ia seperti mengakui bahawa kita telah melakukan kesilapan."

Saya tidak setuju.

Meminta "maaf" menunjukkan empati. Ia tidak menunjukkan bahawa anda salah. Cth., "Saya minta maaf kerana anda merasakan harga kami terlalu mahal." Penyataan ini tidak menunjukkan bahawa anda bersetuju dengan pelanggan.

Contoh Lengkap AUSE

Bayangkan seorang pelanggan menghubungi anda kerana dia marahkan ahli pasukan anda yang terlupa mengkredit caj berganda yang dijanjikan sebelum ini. Anda telah memeriksa sistem IT dan menyedari kesilapan itu.

Langkah 1: *Acknowledge* (Akui)

Pelanggan: "Saya kecewa dengan rakan sekerja kamu. Dia berjanji untuk mengkredit $50 untuk caj berganda bulan lepas, tetapi tiada perubahan pada penyata bulanan terbaru saya. Pekerja kamu sangat bodoh."

Saya: (Nota: semasa pelanggan meluahkan perasaan,

anda meminta 'maaf' beberapa kali. Sebaik sahaja dia selesai, tunjukkan kefahaman dan pergi ke Langkah 2).

Langkah 2: *Understand* (Fahami)

Saya: "Biar saya periksa jika saya betul-betul faham apa yang Encik/Cik Pelanggan sampaikan. Anda kecewa kerana bulan lepas rakan sekerja saya berjanji untuk membetulkan caj berganda dengan mengkredit $50, tetapi tiada perubahan pada penyata baru anda, betul?"

(Nota: untuk meredakan keadaan dan menggalakkan pemikiran yang positif, jangan ulang perkataan negatif: 'bodoh' serta nama kakitangan terbabit untuk melindunginya).

Pelanggan: "Ya."

Langkah 3: *Solve* (Selesaikan)

Saya: "Saya minta maaf sekali lagi Encik X tentang perkara ini. Saya dapat melihat terdapat kesilapan cas berganda. Saya akan segera mengkredit $50 dan saya akan mengkredit $25 lagi atas kesulitan anda. Anda pelanggan kami yang baik dan tidak sepatutnya berasa kecewa dengan kami. Saya Steve di sambungan 222.

"Adakah anda setuju dengannya?"

Pelanggan: "Terima kasih Steve. Ya, saya setuju."

Saya:	"Terima kasih Encik X kerana menghubungi kami. Ada apa-apa lagi yang boleh saya bantu?"
Pelanggan:	"Tidak, itu sahaja."
Saya:	"Baiklah, saya minta maaf sekali lagi atas caj berganda tersebut, tetapi sudah diperbetulkan. Terima kasih kerana berurusan dengan kami. Selamat tinggal."

BANTUAN MELAKSANAKAN AUSE

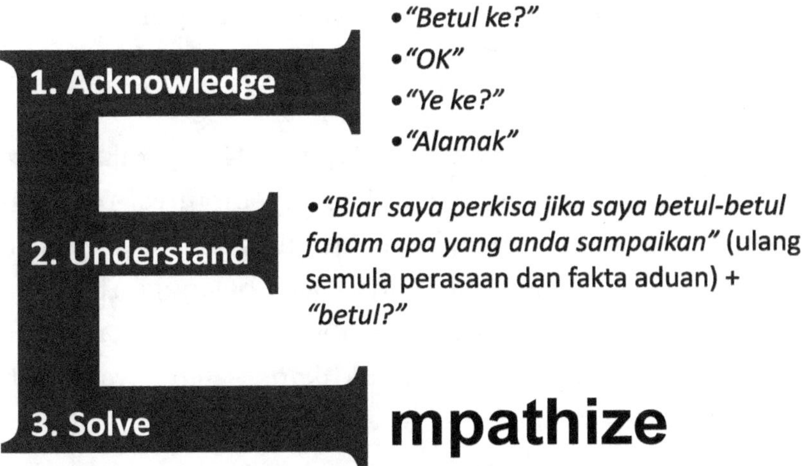

Model 2: Setuju Saja (2-langkah)

Ringkasan:	• Model yang sesuai untuk mengelak daripada komen yang agresif. Matlamatnya adalah untuk berhubung, bukan melawan.

Saya yakin anda pernah menggunakan model ini sama ada semasa masih kecil atau bersama pasangan anda apabila anda tidak mahu bertengkar tentang isu remeh. Malah, saya jarang rasa ingin bertengkar dengan pasangan atau pelanggan saya kerana saya mahu mereka melihat saya sebagai kawan, bukan lawan.

Bayangkan seorang pelanggan mengatakan sesuatu yang kontroversial seperti, "Organisasi kamu mempunyai ramai orang bodoh macam *&$*. Mereka tak tahu apa-apa tentang Produk XYZ."

Anda boleh melawan dan menjawab, "Tidak, kakitangan kami sangat profesional, malah kami mempunyai pasukan perkhidmatan khas terbaik bagi Produk XYZ." Akan tetapi, jawapan seperti ini menunjukkan kepada pelanggan bahawa anda ingin bertengkar dan membuktikan mereka salah. Tiada siapa yang suka dibuktikan salah—walaupun hakikatnya mereka salah.

Gunakan model Setuju Saja (2-langkah) untuk mengurangkan keagresifan pelanggan:

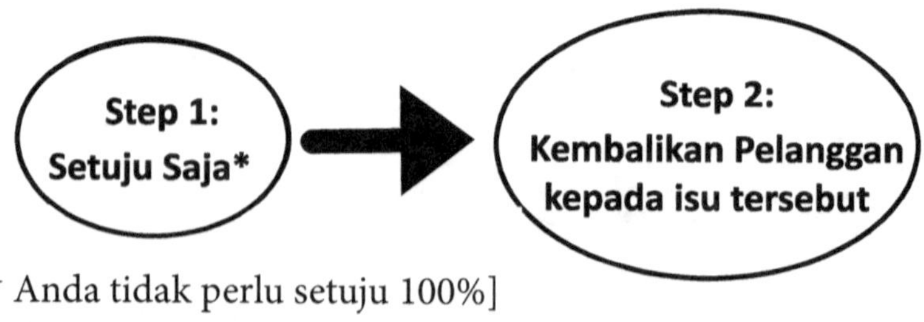

[* Anda tidak perlu setuju 100%]

Contoh: Model Setuju Saja

> Langkah 1: "Saya setuju bahawa mungkin terdapat beberapa kakitangan yang tidak cukup arif tentang Produk XYZ dan saya minta maaf tentang hal tersebut"

> Langkah 2: "Jadi sekarang saya mahu membantu anda dalam isu ini. Saya sedia menjawab sebarang persoalan yang anda ada."

S: Apakah kesan bersetuju dengan pelanggan termasuk penyataan yang kontroversial?

J: Mereka akan terkejut dan terdiam! Inilah masa yang sesuai untuk anda mengawal semula keadaan. Akan tetapi, jika anda melawan, anda umpama membekalkan oksigen kepada api kemarahan pelanggan dan anda AKAN terbakar!

Pelanggan yang agresif mencari peluang untuk bergaduh. Mereka mengharapkan anda untuk melawan secara lisan, tetapi sebaliknya anda bersetuju. Pelik kan? Bersetuju membuatkan orang terkejut. Berapa kerapkah kakitangan perkhidmatan bersetuju apabila anda mengadu? Bersetuju, mengakui kesilapan, dan menerima kesalahan adalah tidak normal; tetapi ia wajar untuk mengelak daripada dipersalahkan.

Jika anda tidak percaya, cuba lihat bagaimana ahli politik menangani tuduhan. Dengan bersetuju, kita mendedahkan kelemahan kita, tetapi pada masa yang sama, meningkatkan peluang untuk berhubung dengan orang lain.

Anda mungkin pernah mendengar pepatah: *Success has many children, but failure is an orphan* yang bermaksud ramai orang akan mengakui kejayaan tetapi tidak ada orang yang akan mengakui kegagalan.

Memberi kejutan yang menyenangkan ialah cara terbaik untuk mengawal semula perbualan. Jika saya perlu menerima kesalahan bagi menenangkan pelanggan atau membuat jualan, mengutip hutang, mengubah pelanggan *hardcore* kepada pelanggan yang baik, memastikan isteri saya gembira atau menyuruh anak saya melakukan kerja rumah; maka saya sedia menerima semua kesalahan yang ada. *Lose the battle, win the war:* biar gagal dalam konflik kecil asal menang dalam konflik lebih besar.

Kita semua pernah melihat interaksi dengan pelanggan atau keluarga yang gagal kerana ada pihak yang enggan menerima kesalahan atau memaafkan. Kedua-dua pihak menjadi 'hardcore' dan enggan mengalah. Akhirnya mereka membuat keputusan yang bertentangan dengan kepentingan diri mereka. Menerima kesalahan adalah teknik yang berkesan untuk digunakan pada orang lain.

Mari kita lihat beberapa aduan pelanggan dan jawapan berbeza yang boleh diberikan oleh kakitangan perkhidmatan:

	Aduan Pelanggan	**Model Lawan Saja** *(fire language)*	**Model Setuju Saja** *(water language)*
1.	"Harga kamu terlalu mahal. Jauh lebih mahal daripada pesaing kamu Syarikat X."	"Tak, harga kami berpatutan. Malah ia 22% lebih murah daripada Syarikat X."	**Langkah 1:** "Saya setuju. Ada beberapa harga kami yang agak mahal; namun, ia berkualiti tinggi. **Langkah 2:** "Jadi saya ingin berbincang dengan anda untuk menjadikan harga ini lebih berpatutan."
2.	Hospital kamu hanya mahukan wang saya. Doktor suruh saya ambil semua jenis ujian yang tidak diperlukan hanya untuk mengenakan caj lebih tinggi."	"Tidak Tuan/Puan, kami prihatin tentang kesihatan anda. Doktor kami berkepakaran dalam mengesyorkan ujian yang anda perlukan. Adakah anda seorang doktor?"	**Langkah 1:** "Saya setuju. Penjagaan kesihatan memang mahal, tetapi ia demi melindungi kesihatan anda. **Langkah 2:** "Jadi saya ingin berbincang dengan anda untuk memudahkan proses pembayaran."
3.	"Proses pengebilan kamu sangat mengelirukan. Ia menyukarkan kami untuk membayar."	"Proses pengebilan telah ditetapkan oleh pihak pengurusan kami. Ia sudah diterangkan dalam polisi yang telah dipersetujui oleh syarikat anda semasa menandatangani kontrak dengan kami."	**Langkah 1:** "Saya setuju bahawa proses pengebilan sedikit mengelirukan. Saya akan menyampaikan maklum balas anda kepada pihak pengurusan kami. **Langkah 2:** "Jadi bahagian mana yang perlu saya terangkan?"

	Aduan Pelanggan	**Model Lawan Saja** (*fire language*)	**Model Setuju Saja** (*water language*)
4.	"Syarikat penerbangan kamu sekali lagi membatalkan penerbangan saya! saya hanya ada masalah dengan syarikat penerbangan kamu. Syarikat lain OK sahaja."	"Tidak Tuan/Puan, kami tidak membatalkan penerbangan anda. Ia dibatalkan kerana cuaca buruk dan diluar kawalan kami. Kami merupakan syarikat penerbangan terbaik dalam industri ini."	**Langkah 1:** "Saya minta maaf dan saya setuju penerbangan anda telah dibatalkan. Saya pasti anda kecewa. Ia dibatalkan kerana cuaca yang berbahaya demi melindungi keselamatan anda. **Langkah 2:** "Jadi izinkan saya membantu anda menempah secara percuma penerbangan seterusnya, boleh?"

☝ Sedikit Tip tentang model 'Setuju Saja'

- Anda tidak perlu setuju 100%. 1% pun OK. Jika anda tidak selesa bersetuju dengan perkara tertentu, apa kata bersetuju dengan perasaan pelanggan? Atau gunakan perkataan "kelihatan". Cth., "Saya setuju bahawa ia mungkin kelihatan seperti... tetapi (bantahan anda)."

- Setuju saja walaupun pelanggan menyerang anda secara peribadi. Cth., Pelanggan berkata, "Kamu tidak prihatin tentang masalah saya. Kamu sangat biadap."

○ Cadangan jawapan, *saya setuju kadang-kadang saya mungkin nampak begitu. Saya minta maaf. Saya tidak pernah berhadapan situasi begini sebelum ini dan saya benar-benar ingin membantu anda. Jadi bolehkah saya bertanya beberapa soalan untuk lebih memahami isu ini dan menyelesaikannya?* (Wah, berapa kerapkah seseorang bersetuju dengan anda selepas diserang secara peribadi? Ia kejutan yang positif!)

Model 3: P3S ((untuk komunikasi bertulis: e-mel, surat, IM, Live Chat)

Ringkasan:	P3S = Polite, Positive, Personal + Solution (Sopan, Positif, Peribadi +Penyelesaian)

Apabila bercakap melalui telefon atau kaunter, kita mudah terikut nada dan/atau bahasa badan pelanggan. Jika mereka kelihatan atau kedengaran serius, kita akan menjadi serius. Jika mereka banyak cakap, kita juga akan banyak cakap. Meniru membantu kita berhubung dengan pelanggan dan memudahkan proses penyelesaian masalah.

Sama seperti bercinta.

Sebelum bercinta, anda akan bersetuju dengan apa sahaja yang dikatakan oleh seseorang yang anda suka kerana anda tidak mahu kehilangan dia!

Akan tetapi, sukar untuk meniru dalam komunikasi bertulis. Oleh sebab itu, kita perlu menggunakan lebih banyak respons generik. Pasca COVID, kita semakin banyak berkomunikasi dengan pelanggan melalui teks: IM, Live Chat, e-mel dan AI.

	Apa maksudnya?	**Bagaimana untuk melakukannya? Cth.**
P1 = Polite (Sopan)	• Menghormati pelanggan, aduan dan menghargai perhubungan urusniaga dengan mereka.	• ""Terima kasih atas komen anda mengenai… • "Kami menghargai kesetiaan anda bersama kami dan kami gembira berkhidmat untuk anda."
P2 = Positive (Positif)	• Kekal positif sepanjang masa. • Jika anda perlu menyampaikan berita buruk, sampaikannya terlebih dahulu supaya anda boleh mengakiri penulisan anda dengan berita baik.	• ""Saya kesal dengan apa yang telah anda alami, tetapi saya yakin dapat menyelesaikan isu ini." • "Saya minta maaf kerana kami sudah tidak mempunyai item itu lagi. Saya boleh mengesyorkan item #123 yang hampir serupa pada harga yang sama."
P3 = Persona (Peribadi)	• Menulis seperti percakapan biasa, bukan seperti robot atau komputer. • Menggunakan nama, termasuk nama anda sendiri.	• "Tuan/Puan Pelanggan yang dihormati:" • "Jika anda memerlukan bantuan lain daripada saya…" • "Terima kasih dan semoga berjaya." • "Selamat bercuti." • "*Stay safe.*" • "Salam hormat, (Nama anda)."
Solution (Penyelesaian)	•3 P membuatkan anda kelihatan seperti seorang yang sopan dan prihatin, tetapi anda akan gagal jika tidak diberikan kuasa untuk menyelesaikan isu tersebut. • Syorkan penyelesaian dan dapatkan persetujuan.	• "Saya akan… pada (tarikh). Boleh?" • "Saya akan mengeluarkan nota kredit RM49.90 hari ini. Anda akan melihatnya dalam penyata 7 April anda. OK?" - "Saya akan bercakap dengan jurujual kami untuk mendapatkan butiran lanjut tentang isu ini dan akan menghubungi anda semula antara jam 3-5 petang esok menggunakan nombor +6012-2000-998. Boleh?"

Contoh e-mel P3S

Seorang pelanggan telah menghantar e-mel aduan kepada syarikat anda bahawa dia telah dikenakan bayaran berlebihan untuk pencetak yang dibelinya secara dalam talian.

Berikut ialah cadangan jawapan e-mel:

Tuan/Puan Pelanggan yang dihormati:

Terima kasih atas e-mel anda bertarikh… berkenaan harga Pencetak X yang dikenakan bayaran berlebihan sebanyak RM259.90 berbanding harga asal RM159.90. Saya memohon maaf atas kekecewaan anda. Saya mendapati terdapat Pencetak X dan Pencetak Y pada troli beli-belah dalam talian anda, tetapi hanya Pencetak X telah dipilih untuk pembelian. Harga Pencetak X ialah RM259.90 manakala harga Pencetak Y ialah RM159.90.

Kedua-dua produk ini hampir sama kecuali Pencetak X adalah pencetak berwarna.

Berikut ialah beberapa pilihan penyelesaian:

Pilihan 1: Kembalikan Pencetak X (kos penghantaran ditanggung pihak kami), kemudian pilih Pencetak Y dari troli beli-belah dalam talian anda dan beli. Saya akan mengkreditkan RM259.90 sebaik sahaja menerima penghantaran tersebut.

Atau,

Pilihan 2: Teruskan mengguna pencetak berwarna X.

Jika anda membuat Pilihan 1, sila maklumkan kepada saya jangkaan waktu penerimaan. Anda boleh menghubungi saya melalui e-mel jill@servicewinners.com atau telefon +60 12 3456 789.

Kami menghargai perhubungan urusniaga kami dengan anda dan jangan teragak-agak untuk menghubungi saya.

Terima kasih.

Jill Smith (+60 12 3456 789)
Account Supervisor
jill@servicewinners.com

Contoh Live Chat P3S (tanpa 'S')

Berikut ialah aduan Live Chat dengan satu syarikat majalah British untuk membatalkan langganan. Walaupun ejen itu Sopan, Positif, dan Peribadi; dia tidak dapat menyelesaikan isu tersebut.

Nama dan alamat fizikal telah diubah:

(12:35:09 PM)	**(Sistem) kata:**	Kakitangan kami akan bersama dengan anda sebentar lagi.
(12:35:09 PM)	**(Sistem) kata:**	Anda berada di nombor 0 dalam barisan dan kakitangan kami akan bersama dengan anda sebentar lagi. Terima kasih atas kesabaran anda.
(12:35:15 PM)	**(Sistem) kata:**	Selamat datang ke Majalah X. Hai, saya Renu. Bagaimana boleh saya bantu?
Renu telah menyertai perbualan		
(12:35:42 PM	**(SAYA) kata:**	Tolong batalkan langganan saya hari ini.
(12:35:59 PM)	**(Renu) kata:**	Saya kesal mendengar anda ingin membatalkannya. Saya akan meneliti perkara ini.
(12:36:16 PM)	**(SAYA) kata:**	Batalkan sahaja.
(12:36:41 PM)	**(Renu) kata:**	Boleh saya dapatkan nama penuh, e-mel dan alamat pengebilan anda?
(12:37:14 PM)	**(SAYA) kata:**	Steven Coyle, steve@servicewinners. com, 5468 Jalan Timur, KL, Malaysia
(12:38:11 PM)	**(Renu) kata:**	Terima kasih atas maklumat tersebut. Saya sedang memproses permintaan anda. Bagaimana hari anda setakat ini?
(12:38:29 PM)	**(SAYA) kata:**	Tolong batalkan sahaja langganan saya.
(12:38:48 PM)	**(Renu) kata:**	Boleh, Steve. Boleh saya tahu kenapa anda ingin membatalkannya?
(12:39:13 PM)	**(SAYA) kata:**	Saya sudah mengisi maklumat itu di laman web anda.
(12:40:13 PM)	**(SAYA) kata:**	Saya sibuk. Tolong e-melkan pembatalan tersebut.
(12:40:23 PM)	**(SAYA) kata:**	Terima kasih.

Jumlah masa = 5:14 saat dan hasilnya ialah seorang bekas pelanggan yang tidak berpuas hati kerana saya tidak tahu sama ada Renu telah menyelesaikannya. Saya sibuk dan tidak boleh menunggunya menyelesaikan isu ini. Saya harap saya boleh membatalkannya sendiri.

Mungkin kakitangan itu tidak diberi kuasa? Atau mungkin dia mempunyai sistem CRM yang lemah? Walau apa sekalipun, proses pembatalan dan sistem CRM mereka adalah tertumpu kepada syarikat. Saya yakin dia mahu membantu, tetapi tidak mampu.

Keesokan harinya, majalah tersebut menghantar pautan kepada saya melalui e-mel untuk menilai perkhidmatan Renu, tetapi saya menjawab bahawa saya tidak dapat menilainya kerana dia dihalang oleh:

Proses yang lemah (pelanggan tidak boleh membatalkan sendiri langganan).

- Sistem CRM yang lemah sehingga pelanggan perlu memberi maklumat dan menunggu.

- Tidak diberi kuasa untuk menawarkan diskaun bagi mengekalkan pelanggan.

Jika saya perlu menilai seseorang, saya akan menilai pengurusan kanannya kerana merekalah yang meluluskan proses pembatalan yang sukar, membeli sistem CRM yang lemah dan tidak memberikan kuasa kepada kakitangan.

Sekarang, bayangkan Majalah X mempunyai pasukan pengurusan kanan yang lebih bijak dan budaya yang memfokuskan kepada pelanggan. Mungkin sesi Live Chat akan berlangsung seperti berikut menggunakan model P3S:

(12:35:09 PM)	**(Sistem) kata:**	Kakitangan kami akan bersama dengan anda sebentar lagi.
(12:35:09 PM)	**(Sistem) kata:**	Anda berada di nombor 0 dalam barisan dan kakitangan kami akan bersama dengan anda sebentar lagi. Terima kasih atas kesabaran anda.
(12:35:15 PM)	**(Sistem) kata:**	Selamat datang ke Majalah X. Hai, Encik Coyle. Saya Renu. Saya kesal mendengar anda ingin membatalkan langganan anda.
Renu telah menyertai perbualan		
(12:35:35 PM)	**(SAYA) kata:**	Tolong batalkan langganan saya berkuat kuasa 18 Dis 2021.
(12:35:59 PM)	**(Renu) kata**	Boleh Encik Coyle. Saya akan segera membatalkannya. Daripada akaun anda, saya mendapati anda baru setahun menjadi pembaca kami. Adakah anda menyukai majalah kami?
(12:36:16 PM)	**(SAYA) kata:**	Ya, ia majalah yang hebat.
(12:36:41 PM)	**(Renu) kata:**	Terima kasih. Saya tahu sistem sebelum ini ada menawarkan diskaun sebanyak 25%. Macam mana kalau saya lanjutkan diskaun istimewa 50% anda untuk satu tahun lagi?
(12:37:14 PM)	**(SAYA kata:**	Bagus tu. Saya akan menerimanya.
(12:37:50 PM)	**(Renu) kata:**	Baiklah. Saya akan menghentikan proses pembatalan dan memulakan tawaran diskaun 50% untuk tahun hadapan. Adakah anda bersetuju?
(12:38:00 PM)	**(SAYA) kata:**	Ya.
(12:38:10 PM)	**(Renu) kata:**	Terima kasih Encik Coyle kerana kekal sebagai pembaca Majalah X. Semoga dipermudahkan setiap urusan anda hari ini.
(12:38:20 PM)	**(SAYA) kata:**	Awak juga, bye.
(12:38:45 PM)	**(Renu) kata:**	Bye.

Jumlah masa = **3:36 saat.** Hasil = pelanggan yang berpuas hati.

Model 4: USS[8]

Ringkasan:	• Digunakan apabila anda perlu berkata "Tidak" atau menyampaikan berita buruk kepada pelanggan. Situasi ini boleh menyebabkan pelanggan melenting. Model ini sesuai digunakan dalam semua mod komunikas. • USS = Understand - Situation - Suggest. (Faham, Situasi, Cadang)

Perkataan "tidak" adalah perkataan yang berbahaya, malah boleh mengorbankan nyawa. Perunding tebusan dilatih untuk menjawab tuntutan penculik dengan mengelak daripada berkata "tidak". Alternatif lain adalah, "Saya akan tengok apa yang boleh saya lakukan", "Saya akan cuba lakukannya", "Biar saya beritahu awak sesuatu" dan lain-lain.

Dalam projek konsultansi lapangan terbang yang telah saya ceritakan sebelum ini, saya melihat ramai petugas kaunter informasi menyampaikan berita buruk kepada penumpang dengan cara yang salah. Sebagai contoh,

---

[8] Harry E. Chambers, *Effective Communication Skills for Scientific and Technical Professionals* (New York: Basic Books, 2001), 105. Sesetengah orang mungkin lebih suka teknik alternatif yang dipanggil USA (Understand-Situation-Alternative). Pilih model yang paling sesuai dengan anda.

seorang penumpang bertanya, "Kenapa maklumat penerbangan saya tiada di papan maklumat?"

Petugas kaunter akan memasukkan butiran penerbangan ke dalam sistem tanpa berkata apa-apa. Kemudian, petugas itu akan menyampaikan berita buruk, biasanya tanpa bertentang mata: "Penerbangan anda telah dibatalkan."

Penumpang tersebut akan marah dan berkata, "Jadi apa yang perlu saya buat?" Kemudian barulah petugas akan memberikan beberapa pilihan.

Satu lagi contoh penyampaian berita buruk yang salah adalah apabila penumpang bertanya, "Di lapangan terbang ini ada restoran vegetarian tak?" dan petugas menjawab, "Tidak." Jika penumpang bernasib baik, petugas itu mungkin mengucapkan perkataan "maaf". Petugas kaunter sekali lagi tidak memberikan cadangan. Penumpang akan berlalu pergi dengan rasa kecewa atau bertanya, "Jadi, apa yang perlu saya buat?" Berkata 'tidak' atau menyampaikan berita buruk secara tidak betul akan menghasilkan pelanggan *hardcore*.

Pasukan saya telah berkongsi model USS dengan petugas kaunter untuk membantu mereka menyampaikan berita buruk dengan lancar bagi meminimumkan kemarahan penumpang.

USS mengandungi proses 3 Langkah mudah:

1. *Understand* **(Faham):** Langkah ini menunjukkan kepada pendengar bahawa anda memahami *apa* yang mereka mahu dan *mengapa* (sebab—ikut kesesuaian). Ada kalanya anda mungkin perlu mengesahkannya. Nota: *apa* dan *mengapa* tidak penting untuk pertanyaan mudah.

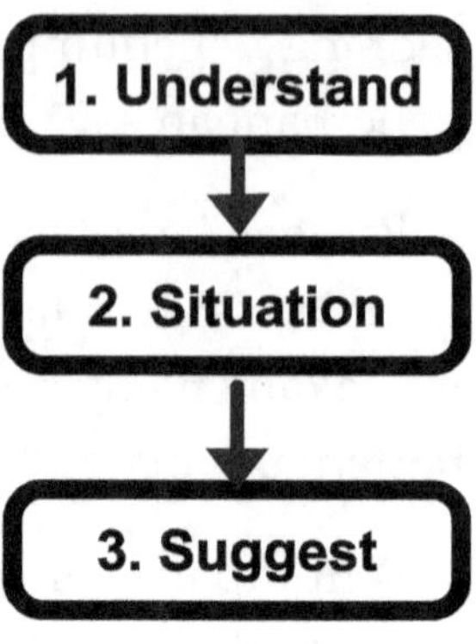

2. *Situation* **(Situasi):** Selepas menunjukkan kepada pendengar bahawa anda memahami *apa* dan *mengapa*, sampaikan berita buruk (realiti). Perkataan 'maaf' sesuai digunakan di sini.

> **Tip 1:** Persiapkan pendengar sebelum menyampaikan berita buruk. Cth., "Maaf Tuan/Puan/semua/bos. Saya ada berita buruk..." Amaran awal ini mempersiapkan pendengar untuk mendengar berita buruk anda.

3. *Suggest* **(Cadang):** Berikan cadangan (alternatif) kerana semua orang suka pengakhiran yang baik. Saya pernah melihat kakitangan perkhidmatan menyampaikan berita buruk umpama melemparkan sebutir bom tanpa menawarkan sebarang cadangan atau harapan. Mereka seronok melihat pelanggan menderita.

☞ **Tip 2: SEGERA** berikan cadangan selepas menyampaikan berita buruk.

Cadangan anda mungkin melibatkan penawaran produk atau perkhidmatan lain, diskaun, penepian, masa penghantaran baharu, campur tangan pihak pengurusan, surat/e-mel permohonan maaf, bayaran balik dan lain-lain. Akan tetapi, sesetengah pelanggan mungkin enggan menerima cadangan anda dan mahu anda melakukan penyelesaian-magik. Untuk situasi seperti ini, saya akan mengulang semula kesakitan mereka dan cadangan saya—tetapi dengan lebih empati.

> Cth., "Saya minta maaf sekali lagi. Saya tahu kelewatan ini menganggu operasi kilang dan meningkatkan kos anda, tetapi saya hanya boleh hantar alat ganti mesin anda paling awal pada pukul 5:00 petang esok."

Contoh USS (mudah):

Mari kita guna dua pertanyaan penumpang yang lepas tetapi menggunakan USS.

> **Contoh 1**: Penumpang berkata, "Kenapa maklumat penerbangan saya tiada di papan maklumat?"

1. *Understand* (Faham)

Petugas Kaunter: "Saya minta maaf tentang perkara tersebut. Boleh saya tahu nombor penerbangan anda untuk saya semak?"

Penumpang: "123456."

2. Situasi (realiti)

Petugas Kaunter: "Saya minta maaf. Penerbangan telah dibatalkan kerana (beri sebab jika diketahui)."

3. *Suggest* (Cadang)

Petugas Kaunter: "Saya cadangkan anda pergi ke kaunter enam Syarikat Penerbangan XYZ. Mereka akan menjadualkan semula anda ke penerbangan seterusnya. Ia berada di sana (tunjuk), boleh? Saya minta maaf sekali lagi. Terima kasih."

> **Contoh 2**: Penumpang berkata "Di lapangan terbang ini ada restoran vegetarian tak?"

1. *Understand* (Faham) & 2. *Situation* (Situasi): "Saya minta maaf. Kami tidak mempunyai restoran vegetarian di sini.

3. *Suggest* (Cadang): "Tetapi saya boleh cadangkan hidangan vegetarian di Restoran A dan B. Saya telah mencubanya dan ia sangat sedap. Restoran itu berada di sana (tunjuk)."

Contoh USS (kompleks):

Bayangkan anda seorang arkitek profesional yang sedang mereka bentuk rumah baharu pelanggan. Pelanggan telah meminta supaya anda mereka bentuk satu pejabat berasingan di rumah tersebut. Selepas diteliti, anda mendapati bahawa idea itu tidak boleh dilaksanakan.

Anda perlu berkata 'tidak' kepada pelanggan dan mengelak daripada kehilangan projek itu. Anda juga perlu menunjukkan kepada pelanggan bahawa anda memahami 'apa' dan 'mengapa' mereka.

1. Understand (Faham): "Saya tahu Encik X mahukan sebuah pejabat berasingan di rumah kerana anda perlu bekerja secara bersendirian."

2. Situation (Situasi): "Saya minta maaf kerana ada berita buruk. Plot tanah seluas 5,000 kaki persegi tidak cukup besar untuk menampungnya. Selain itu, kos pejabat itu akan melebihi bajet sebanyak RM150,000."

3. Suggest (Cadang): "Biar saya cadangkan supaya kita bina satu rak buku boleh bergerak berdekatan pintu masuk utama. Apabila anda menolak rak buku tersebut, anda akan melihat pejabat tersembunyi sebesar 60' x 20'. Kita boleh menggunakan dinding kalis bunyi untuk memastikan ia sunyi. Saya boleh melakukan semua ini tanpa melebihi bajet. Apa pendapat anda?"

Kisah USS: Menyampaikan Berita Buruk

Jim Rogers, seorang hakim di Seattle telah menggunakan teknik USS semasa menyampaikan keputusannya. Sebelum menjatuhkan hukuman penjara kepada penjenayah, beliau menunjukkan pemahaman dan empati terhadap penderitaan mangsa dan keluarga mereka. Kemudian, beliau berkongsi garis panduan yang ditetapkan oleh negeri Washington untuk jenayah tersebut sebelum mengumumkan keputusan muktamadnya. Walaupun mangsa dan keluarga mereka sering tidak berpuas hati dengan tempoh hukuman penjenayah, mereka berpuas hati dengan hakim tersebut kerana memahami penderitaan mereka (*apa*) dan menjelaskan proses hukumannya (*mengapa*).

Ringkasan Bab:

- Janngan tergesa-gesa pergi ke fasa penyelesaian. Gunakan faktor semula jadi masa dan empati untuk pelanggan bertenang dan mula memikirkan kepentingan diri sendiri.

- Sambut baik kemarahan dan konflik. Jangan elak.

- Konflik yang nyata (Overt) adalah konflik terbuka. Gunakan masa dan empati untuk mengatasinya. Sentiasa dengar.

- Konflik yang tersembunyi (Covert) adalah konflik terselindung. Gunakan *Name the Game* untuk membuat pelanggan berkongsi perasaan dan apa yang mereka fikirkan. Sambut baik apabila mereka berkongsi masalah.

- Model Pemulihan Perkhidmatan membantu anda menunjukkan kemahiran pengendalian pelanggan yang sistematik. Nota: terdapat lebih banyak model dalam Bab 6 jika anda tidak menyukai empat model utama saya.

*

Anda telah memperolehi idea dan model untuk mengendalikan pelanggan *hardcore* yang munasabah. Bab 5 akan membincangkan cara mengendalikan pelanggan *hardcore* yang melampau—mereka yang berdegil untuk menolak pilihan dan penyelesaian anda.

Bahagian III:

Pelanggan Hardcore Yang Melampau

Bab 5

Pelanggan Hardcore Yang Melampau

Kita tidak mencipta keberanian dengan kegembiraan. Kita mencipta keberanian dengan mengharungi waktu yang sukar dan mencabar.

—Barbara De Angeli

Buku ini banyak memfokuskan kepada pengendalian pelanggan *hardcore* yang sedang marah. Kita melakukannya dengan menggabungkan faktor semula jadi (masa, empati dan kepentingan diri), kemahiran dan sedikit tuah. Mudah-mudahan, selepas itu 99% daripada pelanggan kita tidak lagi ' *hardcore*', malah mungkin menjadi lebih baik.

Akan tetapi, bagaimana pula dengan 1% yang kekal *hardcore* dan menolak penyelesaian terbaik anda? Tidak kira apa yang anda lakukan atau katakan, mereka akan sentiasa tidak berpuas hati—atau mengatakan mereka tidak berpuas hati. Pelanggan ini adalah pelanggan yang melampau.

Saya tidak mempunyai model khusus untuk orang yang bersikap keterlaluan kerana mereka sukar diramalkan, tetapi saya mempunyai sedikit tip.

Saya akan berkongsi sedikit tip tentang enam jenis pelanggan *hardcore* yang melampau. Anda boleh terus pergi ke jenis yang paling kerap anda jumpa. Amaran sekali lagi, jangan cop mereka 'jahat' kerana kita mungkin pernah menjadi salah seorang daripadanya.

Enam jenis pelanggan yang melampau ialah:

1. Banyak Cakap
2. Biadap
3. Pembuli
4. Perasan Pandai
5. Sarkastik
6. Si VIP

1. Banyak Cakap

Pelanggan yang Banyak Cakap ingin terus bercakap walaupun anda sudah meluangkan masa mendengar penderitaan mereka, menunjukkan empati dan menyelesaikan masalah mereka. Akan tetapi, disebabkan penderitaannya sangat teruk— malah traumatik—mereka terus bercakap dan bercakap. Saya kasihan kepada mereka, tetapi dalam masa yang sama, masalah telah diselesaikan dan saya perlu membantu pelanggan lain.

Selain mengalami trauma, pelanggan yang Banyak Cakap mungkin inginkan perhatian. Saya tidak nampak sebarang masalah untuk memberi lebih perhatian kepada seseorang (asalkan munasabah) jika ia boleh membuat pelanggan berpuas hati dan memberi manfaat kepada syarikat. Ingat, saya memberikan apa yang pelanggan mahu kerana selepas itu barulah pelanggan memberikan apa yang saya mahu.

Saya mengendalikan pelanggan yang Banyak Cakap menggunakan beberapa cara. Katakan anda telah menunjukkan empati, meluangkan masa (perhatian) dan menyelesaikan masalah... tetapi pelanggan masih bercakap. Salah satu ayat kegemaran saya untuk perbualan telefon ialah:

"Encik/Cik Pelanggan, sebaik sahaja panggilan ditamatkan, saya akan... (penyelesaian)."

> **Nota:** Untuk komunikasi secara bersemuka, saya kata, "Sebaik sahaja kita selesai berbincang, saya akan... (penyelesaian)."

Apabila pelanggan yang Banyak Cakap mendengar jawapan ini, mereka mula tergagap-gagap. Mereka mahu terus bercakap, tetapi mereka sedar ia akan melambatkan penyelesaian masalah.

Saya juga pernah mendengar kakitangan lain menggunakan ayat berikut:

- "Encik/Cik Pelanggan, saya minta maaf tetapi penyelia saya menghubungi saya."

Atau,

- "Encik/Cik Pelanggan, saya minta maaf tetapi saya ada panggilan masuk."

Ayat-ayat ini mungkin berkesan tetapi saya tidak menggunakannya. Saya lebih suka:

"Encik/Cik Pelanggan, sebaik sahaja panggilan ditamatkan, saya akan…"

Akan tetapi, bagaimana jika anda menggunakan *Sebaik sahaja panggilan ditamatkan…* dan mereka masih tidak menamatkan panggilan? Walaupun perkara ini jarang berlaku, tetapi saya ingin berkongsi satu idea untuk membuat mereka menamatkan panggilan secara sopan. Ia mengandungi tiga langkah, tetapi saya jarang menggunakannya:

Langkah 1: Mencelah dengan memanggil namanya. Kita telah dilatih sejak kecil untuk berhenti bercakap dan fokus setiap kali mendengar nama dipanggil. Nama mempunyai kuasa kerana kita memilikinya sejak lahir. Apakah perasaan anda apabila seseorang yang terkenal mengingati nama anda? Sebaliknya, apakah perasaan anda jika seseorang tersalah sebut nama anda? Apabila kita mendengar nama kita, kita akan diam untuk satu atau dua saat. Anda perlu cepat bertindak semasa mereka diam atau mereka akan aktif semula.

Langkah 2: Ringkaskan dan sahkan penyelesaian. Cth., "Saya akan… Dan anda akan…, betul?"

Langkah 3: Tamatkan panggilan selepas pelanggan bersetuju dengan Langkah 2. Cth., "Baiklah, terima kasih Encik/Cik Pelanggan. Selamat tinggal." Letak telefon.

2. Biadap: Mengendalikan kata-kata kesat

Dalam SETIAP bengkel perkhidmatan pelanggan atau kutipan hutang yang saya kendalikan—sama ada di Afghanistan, Singapura, Malaysia atau A.S.—seseorang akan bertanya, "Apa yang perlu saya buat jika pelanggan memanggil saya dengan kata-kata kesat !@%&%#*?"

Biar saya kongsikan beberapa teknik pantas untuk situasi ini sama ada secara bersemuka atau melalui telefon.

Katakan pelanggan telah menghina bangsa, agama, negara, jantina, loghat, pendidikan, ciri fizikal, kecerdasan atau apa sahaja tentang anda.

Peraturan 1: **Jangan Ajar atau Marah Pelanggan!** Anda dibayar untuk membantu seramai mungkin pelanggan, bukan untuk mengajar tentang moral. Selain itu, mengajar juga akan membuat seseorang menjadi lebih biadap kerana ramai orang tak sukakan cikgu!

Peraturan 2: **Jangan Segera Gunakan Kuasa pada Pelanggan!** Contohnya, "JIKA Encik/Cik masih bercakap seperti ini, saya akan menamatkan panggilan." Atau untuk petugas kaunter, "JIKA Encik/Cik masih bercakap seperti ini, saya akan menghubungi pegawai keselamatan."

Perkataan 'JIKA' adalah satu ugutan. Pelanggan yang biadap mungkin akan membalas, "Kau ugut aku?"

Sebaliknya, saya akan mengabaikan kata-kata kesat pelanggan, menepisnya dengan senyuman atau menggunakan teknik 'Setuju Saja' (Langkah 1: Setuju, Langkah 2: Alihkan semula perhatian pelanggan kepada masalah). Bersetuju membuatkan pelanggan terkejut dan membolehkan anda mengawal keadaan.

Akan tetapi, jika dia masih menyumpah, berikut adalah beberapa cadangan jawapan, bermula dengan jawapan kegemaran saya:

i: "Encik/Cik ___, saya sedang cuba **membantu** anda. Tetapi bila anda menggunakan kata-kata seperti ini, saya tidak dapat **membantu** anda."

Ayat ini berkesan pada 90% pelanggan saya yang biadap. Kata kunci di sini ialah perkataan 'bantu'. Saya menggunakannya sebanyak dua kali. Saya mahu mereka menyedari bahawa saya cuba membantu, bukan menyakitinya. Dengan menyakiti saya, mereka menyakiti diri mereka sendiri.

Katakan anda mempunyai salah seorang daripada 10% yang masih mengeluarkan kata-kata kesat. Berikut ialah respons seterusnya yang boleh anda guna (disusun mengikut kesukaan saya):

ii: "Encik/Cik _____. Sekali lagi saya ulang nama saya _____. Saya minta maaf kerana membuat anda marah. Saya cuma ingin membantu."

Nota: Saya akan mengatakannya beserta dengan emosi. Ia berkesan apabila digunakan oleh kakitangan wanita kepada pelanggan lelaki. Saya juga mengulang nama saya kerana saya mahu pelanggan melihat saya sebagai seorang manusia.

> iii: "Encik/Cik _____. Maaf perbualan ini sedang dirakam."

Nota: Ayat ini berkesan di negara Asia, tetapi tidak di negara Barat. Di A.S., pelanggan akan berkata "Aku tak kisah."

> iv: "Encik/Cik _____. Maaf saya perlu menamatkan panggilan ini." (untuk panggilan telefon)

> v: "Encik/Cik _____. Maaf saya perlu memanggil pengurus/pegawai keselamatan saya." (untuk interaksi di kaunter)

Nota: **Jangan gunakan 'iii', 'iv' atau 'v'** sebelum menggunakan idea atau ayat sebelumnya. Hanya kerana pelanggan menggunakan kata-kata lucah atau kesat tidak bermakna anda berhak untuk menamatkan perbualan dengan serta-merta. Kebanyakan pelanggan bukan marah kepada anda. Mereka marah kepada organisasi atau seseorang dalam organisasi anda. Oleh itu, jangan ambil hati dan terus mengugut untuk meletak telefon atau menghubungi pegawai keselamatan. Anda dibayar untuk berkhidmat. Dalam industri perkhidmatan, pelanggan sebegini adalah lumrah tugas kita.

☞ Tip: Sue Magrath, seorang kaunselor kepada mangsa penderaan seksual di AS menggunakan teknik visualisasi apabila berhadapan dengan pesakit yang biadap. Teknik ini membantunya untuk kekal tenang. Beliau membayangkan dirinya melindungi diri dengan memakai baju hujan. Untuk pertemuan secara bersemuka, beliau membayangkan pesakit itu semakin mengecil bagi mengelakkan rasa takut.

Respons terakhir saya kepada pelanggan yang biadap ialah:

> vi: "Maaf Encik/Cik Pelanggan, nampaknya kita berdua tidak dapat menyelesaikan perkara ini. Anda boleh bercakap dengan penyelia saya Becky, OK?"

Nota: Jika anda mesti menyerahkan kepada orang lain, serahkan kepada rakan sekerja yang berbeza jantina dengan anda. Saya mendapati bahawa sesetengah pelanggan akan lebih hormat apabila bercakap dengan seseorang yang berlainan jantina.

3. Pembuli

Pelanggan ini akan menggunakan ugutan untuk membuli anda. Mereka biasanya memulakan serangan dengan perkataan '**KALAU**'.

Cth., "**KALAU** awak tak…

Saya akan…..

- beralih ke syarikat pesaing.
- hubungi bos awak.
- hubungi CEO awak (atau pengurusan kanan yang lain)
- laporkan kepada pihak berkuasa/akhbar/kerajaan/dsb.

- beritahu syarikat saya supaya tidak berurusan dengan awak.
- buat awak dipecat.
- saman awak.
- tulis komen buruk di media sosial.

Saya tidak akan…..

• berurusan dengan syarikat anda..

Jawapan standard saya:

1. (bersemuka): "Encik/Cik Pelanggan, itu pilihan anda; namun, isu ini disebabkan oleh… (terangkan fakta situasi dan gunakan perkataan 'maaf'). Jika anda memberikan saya peluang, saya ingin membantu anda." (Kemudian cadangkan penyelesaian)

2. (untuk panggilan kutipan hutang): "Encik/Cik Pelanggan, itu pilihan anda; walau bagaimanapun, (bos saya / pengurusan kanan saya / akhbar, dll.) juga boleh melihat tiada pembayaran dibuat selama X bulan pada akaun anda. Jika anda memberikan saya peluang, saya ingin membantu anda." (Kemudian cadangkan penyelesaian)

Nota: Apabila berurusan dengan pembuli, gunakan nada yang mesra dan membantu. Jangan kedengaran seperti mengugut!

Nota Khas tentang Ugutan "Saya akan beralih ke syarikat pesaing".

Ugutan ini juga dikenali sebagai ugutan *Grass is Greener*. Jika pelanggan komersial, biasanya ugutan ini datang daripada pekerja muda yang tidak mempunyai kuasa untuk menukar vendor. Mereka menggunakan ugutan ini kerana mereka berasa marah, terdesak atau tidak berdaya. Akan tetapi, menukar vendor bukan sesuatu yang mudah. Syarikat perlu mendapatkan kelulusan di peringkat yang lebih tinggi, mendapatkan sebut harga daripada syarikat lain, mengambil risiko yang produk atau perkhidmatan dan garis masa penghantaran syarikat lain adalah lebih teruk daripada syarikat anda, mengumpul maklumat kewangan daripada vendor baharu, memasukkan vendor baharu dalam sistem Perolehan dan banyak lagi.

Jika pengguna yang mengeluarkan ugutan ini, maka dia mungkin boleh melakukannya, tetapi sekali lagi, menukar vendor bukan mudah dan memakan masa. Oleh itu, jangan panik. Kekal yakin, tunjukkan empati jika perlu, cuma jangan tunjukkan kelemahan!

Nota Khas tentang Ugutan Bunuh atau *'Hostile Aggression'*

Saya harap anda tidak akan menerima ugutan seperti ini. Akan tetapi, biar saya kongsikan pengalaman saya sebagai langkah berjaga-jaga. Semasa bekerja di sebuah syarikat pembekal perkhidmatan wayarles di AS, saya menerima panggilan daripada pelanggan yang marah kerana talian telefon bimbitnya disekat disebabkan dua caj balik kad kredit berjumlah $5,000. Kad itu juga telah dibatalkan oleh pihak bank.

Saya dengan sopan berkata, "Encik Pelanggan, saya minta maaf tetapi talian anda telah disekat kerana dua transaksi kad kredit anda telah ditolak oleh bank disebabkan kad yang telah dibatalkan. Tetapi mudah sahaja untuk diselesaikan. Cuma bayar $5,000 secara tunai dan saya akan mengaktifkan semula talian anda dalam masa 30 minit."

Tiba-tiba, dia menjadi agresif dan panggilan itu berlanjutan sehingga 30 minit.

Dia mahu saya mengaktifkan semula talian tanpa sebarang bayaran. Saya tidak boleh melakukan. Saya telah menggunakan respons saya kepada pelanggan yang biadap: Encik Pelanggan, saya sedang cuba membantu anda. Tetapi bila anda menggunakan kata-kata seperti ini, saya tidak dapat membantu anda."

Ia tidak berkesan.

Kemudian saya menggunakan respons alternatif lain, tetapi masih tidak berjaya. Akhirnya selepas 30 minit, saya telah menggunakan kuasa tetapi dengan nada yang sopan memandangkan kami tidak menunjukkan sebarang kemajuan, "Encik Pelanggan, saya minta maaf tetapi saya perlu menamatkan panggilan ini." Saya meletakkan telefon.

Pelanggan tersebut segera menghubungi semula, tetapi kali ini dia bercakap dengan rakan sekerja saya Becky. Becky telah mendengar perbualan kami sebelum ini. Becky juga memberitahu pelanggan tersebut bahawa dia perlu membayar melalui wang tunai, tetapi dia menolak. Kemudian, dia meminta Becky untuk memberitahu nama penuh saya kerana dia mahu membunuh saya. Becky telah menamatkan panggilan itu dengan sopan. Kami turut melaporkan ugutan bunuh itu mengikut dasar syarikat kepada jabatan undang-undang kami.

Jika anda menerima ugutan bunuh melalui telefon, tamatkan panggilan dengan sopan dan laporkannya. Untuk petugas kaunter mungkin lebih sukar tetapi saya cadangkan supaya anda melakukan apa sahaja yang mereka mahu atau jika anda rasa sesuai, hubungi pihak keselamatan dan/atau pengurusan anda. Utamakan keselamatan.

Sekarang, biar saya kongsikan dua ugutan bunuh secara bersemuka yang diceritakan oleh peserta dalam program latihan saya. Semoga kisah mereka dapat membantu anda.

1) Ugutan Bunuh di Afganistan: Di Afghanistan, seorang kakitangan perkhidmatan pelanggan telah bertanya, "Steve, apakah yang perlu saya lakukan jika ahli Taliban masuk ke kedai saya dan berkata jika saya tidak memberikan kad SIM percuma untuk telefon bimbitnya, dia akan membunuh saya?" Dia juga menambah, "Steve, perkara ini benar-benar berlaku."

Saya kata, "Berikan saja SIM percuma kepadanya! Beri dua pun tidak mengapa." Tidak berbaloi untuk mati kerana kad SIM. Utamakan keselamatan.

2) Ugutan Bunuh di Malaysia: Seorang penarik kereta di sebuah bank telah mengunjungi pelanggan untuk mengambil semula sebuah kereta. Kereta itu diletak di halaman dan memudahkan kerjanya. Akan tetapi, semasa dia berjalan ke arah kereta tersebut, dia terdengar pintu pagar besi halaman itu ditutup. Dia menoleh ke belakang dan melihat dua orang samseng sedang memegang paip besi. Dia berkata walaupun dia menjerit, tiada siapa akan mendengarnya kerana tempat itu sangat bising. Dia bernasib baik kerana ternampak bos mereka iaitu pelanggannya sedang minum teh di sebuah meja kecil plastik berwarna merah. Dia berjalan ke arah bos tersebut sambil diekori oleh dua orang samseng tadi.

Bos tersebut bertanya, "Kau buat apa di sini?"

Penarik kereta itu menjawab, "Encik Pelanggan, saya ke sini untuk membantu anda menguruskan pinjaman kereta." Selepas itu, dia perasan perubahan bahasa badan bos tersebut. Bos tersebut turut menjemputnya duduk dan mereka bersama-sama menikmati makan tengah hari di meja kecil itu! Semasa makan, beberapa orang pengawal peribadi berdiri di belakang bos tersebut dengan tangan bersilang. "Sama seperti dalam filem", katanya.

Saya bertanya, "Adakah awak berjaya mengambil kereta atau mengutip hutang?"

Dia kata, "Tidak, tetapi saya telah menyelamatkan nyawa saya." Dia memberitahu betapa pentingnya perkataan 'bantu'. Katanya, "Jika saya menjawab, 'Saya ke sini untuk menarik kereta anda', saya rasa saya akan mati."

Penarik kereta itu telah memberikan pengajaran penting: Sukar untuk membunuh seseorang yang cuba membantu. Perkataan "maaf" dan "bantu" ialah dua perkataan paling berkesan untuk anda gunakan pada pelanggan *hardcore*.

4. Perasan Pandai

Pelanggan ini sombong dan suka menunjuk bahawa mereka lebih bijak daripada anda dan sesiapa sahaja di planet ini. Seperti Si VIP, mereka mungkin mula merapu dengan berkata,

> "Awak tahu tak saya siapa? (diam seketika). Saya seorang akauntan/peguam/jurutera/doktor… dan saya lebih arif tentang perkara ini daripada awak. Awak tidak perlu jelaskannya. Awak hanyalah seorang…"

Jangan sekali-kali membuktikan pelanggan yang Perasan Pandai salah kerana mereka akan berasa malu dan tersinggung. Mereka mungkin akan menjadi defensif atau mensabotaj penyelesaian anda. Saya lebih suka bersetuju—daripada bertengkar—dengan mereka.

Mari kita gunakan satu contoh penghutang yang mungkin seorang akauntan atau pakar kewangan lain dan tidak suka anda menjelaskan isu akaun mereka. Dia mungkin akan menyampuk dan berkata, "Awak tahu tak saya siapa? (diam seketika). Saya seorang akauntan. Saya lebih arif tentang isu ini daripada awak. Awak cuma seorang pengutip hutang yang bodoh."

Untuk memuaskan ego dan kecerdasan mereka, anda boleh balas, "Oh, saya tidak tahu tentangnya. Saya pasti anda lebih arif tentang isu ini daripada saya. Oleh kerana anda seorang akauntan, saya akan menjelaskan secara lebih terperinci tentang akaun tersebut... (Kemudian, saya menerangkannya sama seperti saya menerangkan kepada pelanggan lain)."

Jika mereka mahu lebih dihormati, berikan lebih hormat dan cari jalan penyelesaian.

Berikut ialah respons kepada seorang peguam yang mempunyai hutang tertunggak dan telah berkata, " Awak tahu tak saya siapa? (diam seketika). Saya seorang peguam. Saya lebih arif tentang perkara ini daripada awak." Jawapan saya, "Oh, saya tidak tahu tentangnya. Saya pasti anda lebih arif tentang isu ini daripada saya. Anda juga tahu apa yang akan berlaku jika hutang tidak dibayar. Jadi, bila anda boleh bayar?"

Bidang perubatan mempunyai ramai pesakit Perasan Pandai yang menganggap mereka lebih tahu daripada doktor dan jururawat selepas belajar dengan Doktor Google. Seperti biasa, jangan buktikan mereka salah. Setuju sahaja dengan mereka, berikan sedikit pujian, kemudian teruskan penerangan anda. Kebanyakan pesakit begini hanya mahukan pujian.

    ☞ Tip 1: Biasanya saya akan menggunakan teknik 'tai chi' pada pelanggan yang Perasan Pandai. Tai chi adalah teknik membiarkan pelanggan mengawal keadaan. Mungkin ada yang memanggil teknik ini sebagai 'berunding'. Pelanggan suka jika anda meminta idea mereka semasa proses penyelesaian masalah. Cth., "Apa cadangan Encik/Cik Pelanggan untuk menyelesaikan perkara ini?"

Amaran: jika mereka memberikan idea yang tidak bernas dan mengarut, jangan ketawa, menghakimi atau menolaknya mentah-mentah kerana mereka akan tersinggung. Sebaliknya, sambut baik dan kata, "Itu idea yang menarik."

☝ Tip 2: Sesetengah pelanggan yang Perasan Pandai akan berkata, "Syarikat X buat kerja lebih cepat daripada syarikat kamu. Mengapa kamu tidak boleh jadi seperti mereka?" Pelanggan telah cuba melaga-lagakan syarikat anda dengan syarikat pesaing. Anda tidak akan menang jika melawan kerana pelanggan mempunyai lebih banyak pengalaman dengan pesaing anda berbanding anda. Jawapan saya, "Mungkin anda betul. Saya tidak tahu banyak tentang syarikat X tetapi saya tahu keupayaan syarikat kami dan saya ingin membantu anda." Penyataan ini mengembalikan pelanggan kepada masalah dan penyelesaian. Ia juga membuat mereka bangga kerana berasa lebih bijak daripada anda yang tidak tahu tentang syarikat pesaing.

Walau bagaimanapun, tip ini tidak berkesan untuk jurujual kerana mereka lebih arif tentang apa yang ditawarkan oleh pesaing.

5. Sarkastik

Pelanggan ini akan menyindir anda semasa anda cuba membantu mereka. Sindiran mereka lebih berbentuk serangan. Ada pengutip hutang telah bertanya kepada saya cara mengendalikan pelanggan sarkastik yang berkata, "Hei, awak kan bekerja di bank. Awaklah bayar bil saya!" Pelanggan yang sarkastik hanya mahukan reaksi negatif daripada anda.

Sarkasme mudah ditepis kerana ia memerlukan dua pihak untuk berjaya. Untuk melakukannya, anda mesti kekal tenang. Jika tidak, anda hanya akan memberikan reaksi negatif yang mereka mahu.

Berikut adalah beberapa teknik untuk menepis sindiran.

a) Diam. Api memerlukan oksigen dan sindiran memerlukan reaksi. Jika anda tidak memberikan reaksi, sindiran itu akan mati. Jika sedang bersemuka, angguk tanpa sebarang emosi—atau beri sedikit senyuman—untuk menunjukkan bahawa anda tidak marah. Kemudian, kembali ke topik perbualan.

b) Keliru. Pura-pura keliru apabila mendengar penyataan sarkastik. Pelanggan menunggu reaksi anda, tetapi dengan memberikan reaksi keliru, anda menunjukkan bahawa sindiran itu tidak berkesan dan gagal. Anda boleh berkata, "Saya minta maaf Encik/Cik Pelanggan, saya tidak faham." Kebiasaannya pelanggan akan berkata, "Lupakan saja" kerana mereka terlalu malu untuk menerangkan sindiran mereka.

c) Humor. Dalam contoh terdahulu di mana pelanggan meminta pengutip hutang membayarkan bilnya, anda boleh berseloroh, "Encik/Cik Pelanggan, kalau saya boleh bayar bil anda, saya tidak akan bekerja di sini (hah, hah, hah)!"

Satu lagi cara untuk menepisnya, dengan syarat anda sudah mengenali pelanggan adalah dengan berkata dengan nada yang mesra, "Cara awak cakap macam perli saya saja"

d) *Name the Game*. Saya jarang menggunakan teknik ini, tetapi saya ingin berkongsi tentangnya. Balas serangan itu dengan sopan. Cth., "Saya minta maaf Encik/Cik Pelanggan, adakah kata-kata atau perbuatan saya telah menyinggung perasaan anda?" Jika mereka kata, "Tidak." Anda boleh bertanya dengan lebih mendalam, "Betul ke? Jika saya ada melakukannya, saya perlu tahu supaya saya boleh mengubahnya."

e) Yakin. Kakitangan yang berkeyakinan tinggi menerima serangan yang kurang sarkastik kerana pelanggan lebih suka menyerang kakitangan yang kurang berkeyakinan. Pelanggan akan berfikir dua kali sebelum menyerang kakitangan yang berkeyakinan tinggi.

6. Si VIP

Kenapa apabila orang menjadi lebih kaya, berkuasa, berjaya atau terkenal, mereka menganggap kedudukan mereka lebih tinggi daripada orang lain? Si VIP mempunyai tahap cinta terhadap diri yang berlebihan (ego besar). Sama seperti pelanggan yang Perasan Pandai, anda perlu berhati-hati untuk tidak menghancurkan ego mereka yang rapuh. Sesetengah Si VIP telah bekerja keras untuk sampai ke tahap itu dan kini menuntut layanan istimewa.

Untuk mengelak daripada mengecewakan mereka, saya berikan Si VIP apa yang mereka mahu: lebih hormat dan layanan istimewa. Biar saya kongsikan beberapa idea yang telah saya guna.

1) Beri pujian. Saya mendapati orang yang mempunyai ego besar sukakan pujian. Bahkan orang yang mempunyai ego kecil pun sama.

2) Gunakan gelaran **dan** nama mereka dalam pendahuluan anda. Jika seorang doktor, panggilnya Dr Azmi. Di Malaysia, sama seperti di England, kita mempunyai banyak gelaran: Dato, Dato Seri, Tan Sri, Tun dan lain-lain. Gunakan gelaran dan nama apabila memanggil mereka. Jika anda menggunakan gelaran sahaja, anda akan kedengaran lemah. Akan tetapi, anda akan kedengaran yakin apabila anda menggunakan gelaran dan nama.

3) Gunakan nama penuh + syarikat + gelaran anda dalam pendahuluan anda. Berikut adalah contoh pendahuluan untuk panggilan keluar, "Hello Dato

Kamal. Terima kasih kerana menerima panggilan saya. Saya Steve Coyle dari Syarikat XYZ. Saya adalah Penyelia Akaun anda. Saya menelefon dari Ibu Pejabat Perkhidmatan kami di Kuala Lumpur. Dato Kamal apa khabar?"

Tengok tu, saya juga menggunakan perkataan yang hebat: "ibu pejabat".

Saya tahu pendahuluan saya agak keterlaluan, tetapi saya hanya mahu kelihatan yakin. Jika saya bercakap seperti tikus, Si VIP akan memberitahu saya untuk bercakap dengan pembantu peribadi mereka. Saya hanya mahu mengangkat diri saya—setakat yang saya mampu—ke tahap mereka. Saya lebih suka nama jawatan yang hebat seperti: Pengurus Akaun, Penyelia Akaun, Penyelia Pinjaman, Ketua Jururawat, dll. Nama jawatan yang lemah tidak kedengaran begitu meyakinkan seperti: Ejen Pusat Panggilan, Kerani, Jururawat, dll. Saya mahu membuat mereka meluangkan masa untuk bercakap dengan saya.

4) Gunakan judo. Judo adalah apabila anda menggunakan sesuatu tentang pelanggan untuk melawannya dengan sopan. Disebabkan kebanyakan panggilan saya dengan Si VIP berkaitan dengan bil yang tidak dibayar, saya akan judo ego mereka. Pada penghujung panggilan, saya akan berkata, "Dato Kamal, tidak menjadi masalah untuk anda selesaikan RM 500 ini hari ini, bukan?" Sukar bagi ego Si VIP untuk mengakui bahawa mereka tidak mempunyai wang selepas anda memberikan begitu banyak penghormatan dan pujian kepada mereka.

☞ Tip: Jangan ajar Si VIP. Cth., "Encik/Cik VIP, anda pun manusia biasa seperti saya. Anda tidak boleh cakap begitu dengan saya. Kita semua diciptakan oleh Tuhan dan…"

Atau,

"Encik VIP, anda mungkin seorang peguam terkenal, tetapi saya sentiasa bayar bil telefon saya tepat pada masanya dan talian saya tidak pernah disekat seperti anda."

Mengajar membuat orang marah. Ia juga menyebabkan aduan kepada penyelia. Anda dibayar untuk membantu dan menjaga pelanggan. Anda tidak dibayar untuk menyalah guna kuasa anda untuk mengajar tentang kehidupan dan hilang pelanggan.

Si VIP adalah seperti gunung berapi. Jika anda mengendalikannya dengan salah, letupan mereka akan dirasai di peringkat tertinggi organisasi anda terlebih dahulu diikuti peringkat pertengahan sebelum berakhir di peringkat paling bawah.

Ringkasan Bab:

Kebanyakan pelanggan kita adalah munasabah, walaupun sebahagian kecilnya tidak. Saya telah berkongsi idea-idea untuk mengendalikan beberapa jenis pelanggan yang melampau. Secara amnya, berikan apa yang mereka mahu (kecuali Pembuli dan Sarkastik) kerana apabila anda memberikan apa yang mereka mahu barulah anda mempunyai peluang yang lebih cerah untuk mendapat apa yang anda mahu.

- Pelanggan Biadap mahukan bantuan.
- Pelanggan Banyak Cakap mahukan perhatian (masa), empati dan penyelesaian.
- Pelanggan Perasan Pandai mahu dihormati dan dipuji.
- Si VIP mahu lebih dihormati dan layanan istimewa.

Dunia perkhidmatan membolehkan kita bertemu dengan pelbagai jenis manusia. Kebanyakannya baik, sopan dan tidak berbahaya. Ada yang marah-marah manakala sebilangan kecil adalah melampau. Semoga berjaya.

*

Terima kasih kerana membaca buku *Mengendalikan Pelanggan Hardcore*. Saya berharap agar anda memperoleh strategi, model dan pengetahuan yang praktikal untuk membantu anda menangani situasi pelanggan yang mencabar dan mengurangkan tekanan anda.

Terima kasih pelanggan *hardcore*! Bahagian seterusnya dalam buku ini merupakan sumber tambahan untuk anda.

Bahagian IV:

Kelengkapan Menghadapi Pelanggan *Hardcore*

Bab 6

Kelengkapan Menghadapi Pelanggan Hardcore

Setiasa beringat untuk bukan sahaja mengatakan perkara yang betul pada waktu yang betul, tetapi juga untuk tidak mengatakan perkara yang salah pada waktu yang betul.

—Benjamin Franklin

Pengenalan

Set kelengkapan ini adalah sumber tambahan untuk anda. Ia mengandungi lebih banyak model jika model-model dalam Bab 4 tidak sesuai untuk industri, jenis pelanggan atau mod komunikasi anda. Set kelengkapan ini mempunyai lebih banyak kata kunci dan ayat untuk digunakan pada pelanggan *hardcore* serta perkataan dan ayat 'trigger' untuk membantu anda kekal tenang. Ia diakhiri dengan sepuluh pelajaran utama buku ini.

Model Tambahan Pemulihan Perkhidmatan

Model-model ini disusun mengikut abjad. Ada yang telah lama wujud dan saya akan cuba berkongsi sumbernya. Kebanyakan model ini hampir sama dan menggunakan singkatan (mnemonik) untuk membantu anda mengingatinya apabila berada 'dalam bahaya.'

Model ASAP

Ringkasan: • Model penyelesaian pantas yang sesuai untuk semua jenis mod komunikasi.

A = *Apologize* (Minta maaf): "Saya minta maaf tentang…"

S = *Sympathize* (Bersimpati): "Saya kesal atas segala kesulitan yang anda hadapi…"

A = *Accept the problem* (Terima masalah): "Saya ingin membantu anda bagi memastikan perkara ini tidak berulang."

P = *Prepare to solve* (Bersedia untuk menyelesaikan masalah): "Boleh saya dapatkan butiran lanjut daripada anda untuk menyelesaikannya?"

Formula Hadiah Lapan Langkah[9]

Ringkasan: • Model pengendalian aduan yang teliti sesuai untuk semua jenis mod komunikasi. Ia bermaksud kita harus menyambut baik aduan umpama menerima hadiah.

Langkah 1. Ucapkan "Terima kasih." Cth., "Terima kasih kerana memberitahu…"

---

[9] Janelle Barlow and Claus Moller, A Complaint Is a Gift: Recovering Customer Loyalty When Things Go Wrong (San Francisco: Berrett-Koehler Publishers, Inc., 2008).

Langkah 2. Terangkan kenapa anda menghargai maklum balas. Cth., "Ia membantu saya menyelesaikan isu ini dengan lebih baik."

Langkah 3. Minta maaf atas kesilapan. Cth., "Saya minta maaf kerana perkara ini berlaku kepada anda."

Langkah 4. Berjanji untuk segera melakukan sesuatu. Ambil tanggungjawab. Cth., "Saya berjanji akan menyiasat perkara ini."

Langkah 5. Minta maklumat yang diperlukan. Cth., " boleh saya dapatkan butiran lanjut untuk saya selesaikan perkara ini?"

Langkah 6. Betulkan kesilapan dengan segera. Cth., "Saya telah memperbetulkan kesilapan pengebilan dan anda akan melihat pembetulan pada kitaran bil anda yang akan datang."

Langkah 7. Periksa kepuasan pelanggan. Cth., "Adakah anda OK dengannya?" Nota: anda mungkin perlu membuat *follow-up* dengan pelanggan melalui panggilan telefon atau e-mel jika melibatkan isu yang rumit.

Langkah 8. Cegah kesilapan di masa hadapan. Penulis telah memetik kata-kata Kent Rondeau, "Hukum proses anda, bukan pekerja anda." Kenal pasti punca aduan. Jika anda diberi kuasa, elakkan aduan tersebut daripada berulang.

Model HEAT

Ringkasan: • Model klasik.

H = *Hear*: Dengar. Biarkan pelanggan bercakap tanpa gangguan. Jangan menghakimi.

E = *Empathize*: Berempati dengan perasaan pelanggan. Cth., "Saya dapat merasai kekecewaan anda tentang perkara ini."

A = *Apologize*: Minta maaf. Cth., "Saya minta maaf tentang hal ini." Menyebut perkataan, "Saya minta maaf", lebih berkesan daripada, "Kami minta maaf", atau "Bagi pihak organisasi, kami minta maaf..." Perkataan "Saya" membina hubungan dengan pihak lain; manakala perkataan "Kami" tidak. Anda juga boleh kata, "Saya memohon maaf atas apa yang telah berlaku."

T = *Take*: Ambil tanggungjawab untuk menyelesaikan perkara itu. Jika anda tidak dapat menyelesaikannya, sekurang-kurangnya ambil tanggungjawab untuk memberitahu perkara tersebut kepada pihak berkenaan untuk mencari penyelesaian. Komited pada tarikh atau masa anda akan menghubungi semula pelanggan bagi menyampaikan keputusan atau penyelesaian mereka (berikan diri anda masa yang mencukupi).

Model LATTE

Ringkasan: • Model ini ialah model Starbucks. Ia contoh bagaimana model pemulihan perkhidmatan boleh digunakan untuk menambah baik produk, perkhidmatan, jenama atau budaya sesuatu organisasi.

• Sesuai untuk kebanyakan mod komunikasi.

L = *Listen*: Dengar aduan.

A = *Acknowledge*: Akui masalah. Cth., "Saya minta maaf anda diberi satu *shot* dan bukan dua."

T = *Take*: Ambil tindakan penyelesaian masalah. Cth., "Saya akan segera menambah satu lagi *shot* dalam kopi anda, boleh?"

T = *Thank*: Berterima kasih kepada pelanggan kerana memberitahu masalah. Cth., "Terima kasih kerana memberitahu saya tentang kesilapan ini."

E = *Explain*: Terangkan apa yang telah anda lakukan (penyelesaian). Cth., "Encik/Cik Pelanggan, saya telah menambah *shot* tambahan."

Model LESTER[10]

Ringkasan: • Model daripada Belding untuk interaksi bersemuka. Saya amat menyukai langkah '*Thank*' kerana menyambut baik aduan menenangkan orang, tidak kira betapa penting atau mengarutnya aduan tersebut.

L = *Listen*: Dengar.

E = *Echo*: Nyatakan isu. Cth., "Jadi anda kecewa (mengenal pasti perasaan) kerana... (mengulang semula masalah), betul?"

S = *Sympathize*: Bersimpati dengan pelanggan. Cth., "Saya minta maaf tentang perkara ini."

T = *Thank*: Berterima kasih kepada pelanggan. Cth., "Terima kasih kerana memberitahu perkara ini."

E = *Evaluate*: Mengenal pasti pilihan anda. Dapatkan butiran masalah dan nyatakan pilihan penyelesaian dengan yakin.

R = *Respond*: Respons kepada situasi. Cth., "Saya akan... (penyelesaian yang dipilih) pada (masa atau tarikh), boleh?"

Model LIFT[11]

Ringkasan: • Model daripada Belding untuk interaksi melalui telefon.

L = *Listen:* Dengar.

---

[10] Shaun Belding, Dealing with the Customer from Hell: A Survival Guide (London: Kogan Page Limited, 2005).

[11] Shaun Belding, Winning with the Caller from Hell: A Survival Guide for Doing Business on the Telephone (Toronto: ECW Press, 2005).

I = *Involve:* Libatkan diri. Jangan bercakap seperti robot yang tiada perasaan atau piktograf 2D. Tunjukkan keprihatinan dan belas kasihan apabila pelanggan mengadu. Ayat penghubung sesuai digunakan di sini. Cth., "Saya dapat melihat mengapa anda berasa kecewa tentang perkara ini."

F = *Focus:* Fokus pada isu. Dapatkan butiran aduan kemudian kenal pasti pelan tindakan untuk menyelesaikannya.

T = *Thank:* Berterima kasih kepada pemanggil. Kakitangan perkhidmatan pelanggan kerap mengakhiri perbualan dengan pantas, generik dan tidak ikhlas seperti, "Terima kasih kerana menghubungi kami. Ada apa-apa lagi yang boleh saya bantu?" Ayat seperti ini tidak membezakan syarikat anda dengan syarikat lain.

Belding turut berkongsi contoh yang baik untuk berterima kasih kepada pemanggil:

> **Kakitangan CS**: "Terima kasih sekali lagi En. Watson kerana meluangkan masa untuk menghubungi kami. Ada apa-apa lagi yang boleh saya bantu?"

> **Pemanggil**: "Tidak, saya OK. Terima kasih."

> **Kakitangan CS**: "Baiklah. Sekali lagi, nama saya Paul. Jika ada apa-apa lagi yang anda perlukan atau boleh kami lakukan, anda boleh hubungi kami pada bila-bila masa."

Belding percaya "*Listen*" dan "*Involve*" adalah dua langkah paling penting dalam model LIFT dan saya setuju dengannya. Ramai pelanggan *hardcore* tidak terkejut dengan penyelesaian kerana mereka sudah menjangkakannya, tetapi mereka akan terkejut apabila anda menyampaikan penyelesaian dengan teliti dan penuh kefahaman.

Kata kunci dan ayat apabila berurusan dengan pelanggan
hardcore

Perkataan atau ayat yang meyakinkan	Perkataan atau ayat yang kurang meyakinkan
Saya akan (tindakan).	- Kami akan (tindakan) - Saya akan cuba (tindakan) - Semoga saya dapat (tindakan) - Mungkin saya boleh (tindakan)
Bagaimana boleh saya bantu?	- Apakah masalah anda? - Apa yang anda mahu?
"Saya boleh…" atau "Apa yang boleh kita lakukan ialah…"	- "Saya tidak boleh…" atau - "Kami tidak boleh…"
Saya cadangkan anda (penyelesaian) kerana saya mahu bantu mengelak (perkara negatif).	Untuk mengelakkan (perkara negatif), anda perlu (penyelesaian).
Apabila anda (tindakan), baru saya boleh (perkara negatif).	Jika anda tidak (tindakan), KAMI akan (perkara negatif).
Maaf.	(Tidak menunjukkan empati atau berdiam diri)
Kita. Cth., "Mari kita bersama-sama melaksanakan penyelesaian ini, boleh?"	Kami. Cth., "Polisi kami menyatakan bahawa jika anda tidak melaporkan sebarang kerosakan dalam tempoh 30 hari daripada tarikh pembelian, KAMI tidak lagi bertanggungjawab."
Beri pilihan. Cth., "Biar saya cadangkan beberapa pilihan. Anda boleh pilih sama ada X atau Y. Yang mana sesuai dengan anda?"	"Satu-satunya pilihan yang anda ada ialah X."

20 ayat tambahan untuk berhubung dengan pelanggan *hardcore*

1. Saya memohon maaf atas segala kesulitan.

2. Apa yang boleh saya lakukan untuk menggembirakan anda?

3. Tidak hairanlah anda berasa kecewa.

4. Tolong beritahu saya apa yang telah berlaku.

5. Saya menghargai perhubungan urusniaga kami dengan anda dan ingin menyelesaikannya dengan segera.

6. Saya menghargai apa yang anda kongsikan.

7. Biar saya catat untuk memastikannya betul.

8. Saya pasti kita sama-sama boleh mencari penyelesaian.

9. Bantu saya berikan beberapa maklumat supaya saya boleh menyelesaikannya, boleh?

10. Saya dapat melihat mengapa anda berasa begitu.

11. Saya setuju.

12. Pada pendapat anda, apakah cara yang terbaik untuk menyelesaikan masalah ini?

13. Biar saya periksa sama ada saya memahami anda + (ulang perasaan & fakta) + betul?

14. Saya di sini untuk membantu anda.

15. Anda betul.

16. Saya faham apa yang anda maksudkan.

17. Terima kasih kerana membawa perkara ini kepada perhatian saya.

18. Saya prihatin tentang isu ini.

19. Adakah anda setuju dengan rancangan ini?

20. Saya jamin isu ini akan selesai pada (tarikh atau masa).

Trigger

Kita sukar untuk kekal tenang apabila diserang oleh pelanggan kerana tubuh manusia terdiri daripada gabungan pelbagai saraf yang dibaluti kulit. Setiap daripada kita mempunyai masa silam dan pengalaman pahit yang unik. Pengalaman negatif ini boleh muncul semula apabila pelanggan mengatakan atau melakukan sesuatu yang membuat kita marah.

Selepas bekerja bertahun-tahun di negara Barat dan Timur, saya mendapati bahawa masyarakat di negara yang berbeza mempunyai *trigger* yang berbeza. Apabila orang Barat 'trigger', mereka bertindak balas dengan kemarahan. Orang Asia pula bertindak balas dengan menjauhkan diri. *Trigger* anda mungkin tidak sama dengan *trigger* saya, tetapi mengenali *trigger* unik kita dapat membantu kita mengawal keadaan.

Ini mungkin menyakitkan, tetapi pilih *trigger* yang membuat anda marah atau ingin menjauhkan diri. Jika anda tidak menjumpai *trigger* anda, tambahkannya di ruangan yang disediakan.

√	Perkataan atau ayat *trigger*	√	Perkataan atau ayat *trigger*
	"Hoi ba _ _ !"		"Si _ _ !"
	"Kau kan lembab, jadi aku cakap perlahan-lahan."		"Awak tak tahu apa yang awak sedang cakap!"
	"Penipu!"		"Kau ni dah lah hodoh."
	"Bodohlah kau ni!"		"Kau orang (provokasi kaum) yang bodoh!"

Pengawal Trigger (Pelan "jika / maka")

Jika pelanggan menyentuh 'trigger' anda, gunakan 'pengawal *trigger*' anda dan ulang ayat tersebut kepada diri sendiri untuk memastikan otak anda berada dalam zon biru iaitu zon tenang. 'Kecerdasan Emosi' seseorang ditentukan oleh sejauh mana kita dapat membaca perasaan orang lain DAN mengawal perasaan kita. Anda tidak boleh mengawal apa yang dikatakan oleh orang lain, tetapi anda boleh mengawal reaksi anda. Pengawal *trigger* menghalang tindak balas normal, reaktif atau melawan anda terhadap penyataan pelanggan yang agresif.

Jika anda tidak menyukai mana-mana Pengawal *Trigger* di bawah, tambahkannya sendiri di ruangan yang disediakan.

Apakah Pengawal *Trigger* yang membantu anda kekal dalam zon tenang?

√		√	
	"Itu bukan kelas saya."		"Ambil jalan selamat."
	"Apa yang tak kena dengan hidupnya?"		"Ini semua tak berbaloi."
	"Saya harus bertenang."		"Saya tidak akan menyesali perbualan ini."
	"Nasib baik hidup saya tidak seteruk hidupnya."		"Fokus saja pada perasaannya dan penyelesaian."
	"Saya tidak akan terpengaruh dan hilang kawalan."		"Kekal tenang dan teruskan."
	"Jangan bergaduh!"		"No fighting!"

Ringkasan *Hardcore*: 10 Pelajaran Utama (PU)

Buku ini mengandungi pelbagai strategi, tip, teknik dan model untuk membantu anda mengendalikan konflik dan berhubung dengan pelanggan yang mencabar.

Berikut ialah sepuluh PU terpenting buku ini:

PU 1: Utamakan pelanggan berbanding diri anda. Watak utama dalam cerita ini ialah pelanggan dan isu mereka. Oleh itu, rendahkan ego anda. Jangan melawan atau tersinggung. Kekal tenang kerana anda perlu menenangkan otak pelanggan yang sedang marah dan mencipta pelan penyelesaian.

PU 2: Nada dan bahasa badan (aspek bukan lisan) sama penting dengan perkataan yang digunakan. Menggunakan nada atau bahasa badan yang salah menyebabkan pihak lain menganggap bahawa itu adalah 'diri anda yang sebenar'. Manusia lebih menilai dengan mata dan telinga berbanding otak. Kata-kata juga penting kerana satu perkataan yang salah boleh menyebabkan seseorang melenting.

PU 3: Pemahaman biasanya lebih penting daripada penyelesaian masalah. Kadang-kadang, perbuatan semudah mengulangi perasaan dan masalah seseorang diikuti dengan pengesahan sudah cukup untuk menenangkan mereka. Mengambil tanggungjawab untuk menyelesaikan masalah mampu meyakinkan orang terhadap keupayaan anda.

PU 4: Mengadu memerlukan banyak tenaga dan sukar untuk manusia mengekalkan pengeluaran tenaga negatif yang tinggi itu. Berikan pelanggan **masa** untuk melepaskan perasaan tanpa diganggu untuk mengurangkan tenaga negatif dan kadar hormon kortisol bagi merasional otak mereka dan menumpukan pada penyelesaian masalah serta **kepentingan diri sendiri**. Di samping itu, empati membantu membina hubungan dan membolehkan pelanggan melihat anda sebagai kawan dan bukan lawan atau robot yang tidak berperasaan.

PU 5: Setuju sahaja. Anda tidak dibayar untuk bergaduh. Bersetuju membolehkan pihak lain merasai nikmat kemenangan. Bersetuju menenangkan otak mereka yang emosional dan beralih ke penyelesaian masalah. Ia juga menjimatkan masa. Anda tidak perlu bersetuju 100%.

PU 6: Tunjukkan rasa hormat kepada pelanggan dengan memberikan sebab ('kenapa'), kawalan dan pilihan. Manusia tidak suka diberitahu apa yang perlu dilakukan melainkan bersebab. Antara kata kunci penting ialah 'kerana' dan 'boleh?' Salah satu punca utama pelanggan menjadi *hardcore* kerana mereka rasa tidak dihormati.

PU 7: Apabila menyampaikan berita buruk atau menolak cadangan pelanggan, lakukannya dengan sopan dan empati. Terangkan 'mengapa' anda menolak dan SEGERA cadangkan alternatif atau meminta alternatif daripada mereka.

PU 8: Terapkan pemikiran positif dalam perbualan. Pelanggan yang berfikiran positif lebih mudah dikendalikan berbanding pelanggan yang negatif dan degil. Jangan mengulang semula kata-kata yang negatif kerana anda hanya akan membuat kerja anda yang sukar menjadi lebih sukar. Akan tetapi, tidak mengapa untuk mengulangi perasaan negatif mereka! Cth., "Anda kedengaran kecewa", atau, "Saya minta maaf kerana anda berasa kecewa tentang perkara ini."

PU 9: Beri pelanggan yang cerewet apa yang mereka mahu (asalkan munasabah). Cth., bantuan, rasa hormat, kuasa, pilihan, pujian, persetujuan, empati, masa, diskaun, dsb.

PU 10: Berhubung dengan pelanggan supaya mereka suka—atau sekurang-kurangnya—menghormati anda. Lakukannya dengan bercakap seperti manusia biasa, menunjukkan empati, memuji, memanggil nama, yakin dan mengambil tanggungjawab terhadap penyelesaian tersebut.

Tinta Akhir

Sebagai kakitangan perkhidmatan profesional, kita sedia maklum bahawa fokus utama tugas kita ialah pelanggan; bukan diri kita. Dalam dunia perkhidmatan masa kini, ada kalanya satu-satu perbezaan di antara kita dan pesaing adalah mutu perkhidmatan. Syarikat yang memfokuskan kepada pelanggan mempunyai kelebihan berbanding syarikat yang memfokuskan kepada syarikat.

Akan tetapi, tidak mengapa jika anda tidak suka melayan orang lain kerana pekerjaan itu bukan untuk semua orang. Sebaliknya, lakukan sesuatu yang benar-benar menggembirakan anda–jauh daripada orang ramai. Hidup ini terlalu singkat untuk melakukan sesuatu yang tidak menggembirakan anda. Anda juga tidak akan mahir!

Bagi saya dan kebanyakan pekerja dalam industri perkhidmatan, kebahagiaan tidak datang dari dalam. Sebaliknya, saya paling gembira apabila bersama dengan orang lain seperti keluarga, kawan, pelanggan dan mereka yang kurang bernasib baik. Bagi saya, kebahagiaan yang datang dari dalam disertai dengan sikap mementingkan diri sendiri. Saya gembira menikmati hidangan yang lazat seorang diri tetapi memasak hidangan yang lazat untuk orang lain membuat saya rasa lebih bahagia.

Joseph Campbell telah mencipta satu ungkapan untuk menggambarkan perasaan ini. Beliau berkata, *"Follow your bliss."* yang bermaksud kejarlah kebahagiaan anda.

Melakukan perkara yang membahagiakan membantu anda mencipta impak positif terbesar dalam kehidupan yang singkat ini. Malangnya, sukar untuk sentiasa gembira atau bahagia, terutama apabila berada dalam industri perkhidmatan. Saya suka falsafah Eaknath Easwaran. Beliau berkata, "Anda tidak boleh buat diri anda gembira selama-lamanya, tetapi anda boleh buat orang lain gembira."

Kevin Durant, pemain bola keranjang profesional mempunyai pandangan yang menarik tentang kegembiraan. Dia berkata daripada mengejar kegembiraan, "Saya mengejar pengalaman."[12] Dia percaya bahawa pengalaman baik dan buruk mengajar dan membantu kita berkembang. Pelanggan *hardcore* melakukan kedua-duanya.

Tugas anda memberikan anda kuasa untuk memberi impak positif kepada kehidupan orang ramai. Pelanggan kita berhadapan dengan pelbagai kesusahan, penderitaan dan masalah. Jika kita boleh mengurangkan sedikit penderitaan mereka, bukankah kita membantu mengubah dunia menjadi lebih baik? Mengurangkan kemarahan dan kebencian pelanggan *hardcore* juga membantu memperbaiki diri, keluarga dan organisasi mereka serta kita semua.

Jika anda mampu mengendalikan pelanggan *hardcore* yang sedang marah, anda mampu mengendalikan apa sahaja situasi dalam kehidupan anda. Saya doakan anda sentiasa bahagia.

Berkhidmat untuk anda,

Steve Coyle
ServiceWinners International Sdn. Bhd.

---

[12] Netflix, My next guest needs no introduction with David Letterman: Kevin Durant, season 4, episode 5, ditonton pada May 23, 2022.

Saya harap anda menyukai buku ringkas ini.

Steven Coyle merupakan seorang penceramah, jurulatih, penulis dan perunding yang berkhidmat di ServiceWinners International, sebuah syarikat Malaysia yang menyediakan perkhidmatan latihan dan perundingan di Malaysia, ASEAN dan seluruh dunia.

Bidang utamanya termasuk:

* ❖ Mengendalikan pelanggan *hardcore*, dan —
* ❖ Perkhidmatan pelanggan
* ❖ Penyeliaan & Pengurusan
* ❖ Kutipan Hutang
* ❖ Kejurulatihan

Berasal dari Seattle, Amerika Syarikat, Steve telah menetap di Malaysia sejak tahun 1995. Beliau pernah bekerja dalam bidang perbankan, peruncitan, pendidikan, latihan, perundingan dan telekomunikasi di Amerika Syarikat, Poland dan Malaysia.

Beliau menerima Ijazah Sarjana Pentadbiran Perniagaan dari Gonzaga University (A.S.) dan Ijazah Sarjana Teknologi Instruksional dari Universiti Malaya (Malaysia). Beliau merupakan seorang Certified Credit Executive daripada National Association of Credit Management (A.S.) dan Certified Financial Collection Professional (Kanada).

Maklumat perhubungan: steve@servicewinners.com | +60 12 2000 998. Maklumat lanjut boleh didapati di: www. servicewinners.com.

Good Boss, Better Boss: Model Kepimpinan Praktikal untuk Kejayaan Pasca-COVID (dalam Bahasa Inggeris & Bahasa Melayu).

Debt Collections: Stir-Fried or Deep-Fried? Asian & Western Strategies to Collect More Money, Reduce Bad Debts and Keep More Customers.